Max Fuchs

Leitformeln und Slogans in der Kulturpolitik

Kunst- und Kulturmanagement

Herausgegeben von
Andrea Hausmann

Europa-Universität Viadrina Frankfurt (Oder)

Max Fuchs

Leitformeln und Slogans in der Kulturpolitik

VS VERLAG

Bibliografische Information der Deutschen Nationalbibliothek
Die Deutsche Nationalbibliothek verzeichnet diese Publikation in der
Deutschen Nationalbibliografie; detaillierte bibliografische Daten sind im Internet über
<http://dnb.d-nb.de> abrufbar.

1. Auflage 2011

Alle Rechte vorbehalten
© VS Verlag für Sozialwissenschaften | Springer Fachmedien Wiesbaden GmbH 2011

Lektorat: Frank Engelhardt

VS Verlag für Sozialwissenschaften ist eine Marke von Springer Fachmedien.
Springer Fachmedien ist Teil der Fachverlagsgruppe Springer Science+Business Media.
www.vs-verlag.de

 Das Werk einschließlich aller seiner Teile ist urheberrechtlich geschützt. Jede Verwertung außerhalb der engen Grenzen des Urheberrechtsgesetzes ist ohne Zustimmung des Verlags unzulässig und strafbar. Das gilt insbesondere für Vervielfältigungen, Übersetzungen, Mikroverfilmungen und die Einspeicherung und Verarbeitung in elektronischen Systemen.

Die Wiedergabe von Gebrauchsnamen, Handelsnamen, Warenbezeichnungen usw. in diesem Werk berechtigt auch ohne besondere Kennzeichnung nicht zu der Annahme, dass solche Namen im Sinne der Warenzeichen- und Markenschutz-Gesetzgebung als frei zu betrachten wären und daher von jedermann benutzt werden dürften.

Umschlaggestaltung: KünkelLopka Medienentwicklung, Heidelberg
Druck und buchbinderische Verarbeitung: Ten Brink, Meppel
Gedruckt auf säurefreiem und chlorfrei gebleichtem Papier
Printed in the Netherlands

ISBN 978-3-531-17107-4

Inhaltsverzeichnis

Vorwort		7
1	Zur Einleitung: Assoziationen und Zugänge	11
2	Die Macht der Sprache	17
3	Die Beeinflussung der Vielen	29
4	Die individuelle Seite: Bildung, Erziehung, Habitusentwicklung und Mentalitäten	47
5	Der systematische Ertrag:	53
6	Slogans und Leitformeln in der Praxis	63
	6.1 Das „Bürgerrecht Kultur" und „Kultur für alle" – Rahmenbedingungen eines Diskurses	63
	6.2 Didaktische Prinzipien als Leitformeln	71
	6.3 Kulturelle Vielfalt: Zur Karriere einer kulturpolitischen Leitformel	76
	6.4 Leitformel Kreativität in der Kulturpolitik	80
	6.5 Der „aktivierende Kulturstaat" – Zur Ambivalenz einer aktuellen Leitformel	86
	6.6 Leitformeln im Koalitionsvertrag 2008	91
7	Slogans und Leitformeln und die Grundlagen von Kulturpolitik – eine explorative Fallstudie	97
Literaturverzeichnis		127

Vorwort

Dass man griffige Formeln und Begriffe braucht, um sein Anliegen öffentlich überzeugend zu artikulieren, liegt auf der Hand. Das gilt für die unzähligen Produkte der Warenwelt, von denen man die allermeisten eigentlich überhaupt nicht braucht und die den Konsumenten daher mit allen erlaubten und unerlaubten Tricks nahe gebracht werden sollen. Auch die Politik ist darauf angewiesen, ihr Anliegen gut zu verkaufen. „Spin-Doctors", Werbeagenturen und Denkfabriken werden mit viel (Steuer-)Geld engagiert, um diese Leistung zu erbringen. Gelegentlich kämpft man sogar um solche Slogans, die in der öffentlichen Meinung gut angesehen sind. Ein Beispiel war der erfolgreiche Versuch in den siebziger Jahren, den sympathischen Begriff der „Solidarität", seinerzeit noch fest in der Arbeiterbewegung verankert, auch für andere Zwecke nutzbar zu machen. Eine neu eingerichtete „Arbeitsgruppe Semantik" in einer konservativen Partei schaffte es: Nunmehr war Solidarität nicht mehr nur ein Konzept wechselseitiger Hilfe in Notlagen von Arbeitnehmern, sondern beschrieb auch die Unterstützung der USA in ihrem Krieg in Vietnam. „Begriffe besetzen" nannte man im Anschluss an Kurt Biedenkopf diese Strategie.

Immerhin zeigt der Bedarf an überzeugenden Leitformeln selbst in diesem Fall, dass die Öffentlichkeit in einer Demokratie für wichtig erachtet wird. Wenn solche Leitformeln daher gut reflektiert sind, vielleicht sogar in der spezifischen Tradition der jeweiligen Partei verankert sind, dann können sie einen wichtigen Beitrag für eine lebende Demokratie leisten.

Solche Leitformeln und Slogans gibt es auch in der Kulturpolitik. Vom Europa-Rat gingen in den späten Sechzigern und frühen Siebzigern Konzepte einer neuen Kulturpolitik aus, die sich nicht mehr auf eine bloße Pflege des Kulturerbes beschränken wollten. Kulturpolitik sollte Gesellschaft verändern helfen – zum Besseren, versteht sich. Ein erster Schritt war die „Demokratisierung der Kultur", verstanden als Erhöhung der Teilhabe an den bislang nur einer kleinen Bevölkerungsgruppe vorbehaltenen Kulturangeboten. Möglicherweise sollten auch andere Angebote dazukommen, mit denen man die Schichten unterhalb des gehobenen Bürgertums leichter erreichen konnte. Das ambitioniertere Konzept war die „kulturelle Demokratie", bei der das Attribut „kulturell" eine qualitativ hohe Messlatte an die gesamte politische Ordnung legen sollte. Insgesamt waren die 70er Jahre Jahre des gesellschaftlichen und politischen Aufbruchs, was wiederum sehr schön durch einen Slogan programmatisch zum Ausdruck gebracht wurde: „Wir wollen mehr Demokratie wagen!" (Willy Brandt). Diesen Demokratisierungswillen brachten auch die kulturpolitischen Slogans dieser Zeit zum Ausdruck: Das Bürgerrecht auf Bildung (Dahrendorf), das Bürgerrecht Kultur (Glaser) und schließlich „Kultur für alle" (Hoffmann). Mit dem letztgenannten wurde eine Reihe fortgesetzt, die bei Comenius während des 30-jährigen Krieges ihren – seinerzeit revolutionären – Anfang nahm: „Bildung für alle" forderte der tschechische Philosoph in seiner Großen Didaktik. 1957 übertrug Ludwig Erhard diesen Slogan erfolgreich auf die Wirtschaftspolitik: „Wohlstand für alle". Dann war es schließlich die Kultur, die für alle da sein sollte, ganz so, wie es die Demokratisierungsaufforderung des Europa-Rates wollte. Eine Demokratie besteht dabei nicht nur aus Menschen schlechthin, sondern aus Menschen, die die politische Verfasstheit ihrer Gesellschaft ernst nehmen: aus Bürgern. Und solche Bürger haben Menschen- und Bürgerrechte (so die Allgemeine Erklärung der Menschenrechte), haben soziale, ökonomische und kulturelle Rechte (so die entsprechenden Pakte aus den Jahren 1966/1976; Bundeszentrale 2004). Neu war die Proklamation des Bürgerrechts auf Bildung und Kultur also nicht, denn es wurde bereits in der Allgemeinen Erklärung der Menschenrechte gefordert. Doch haperte es mit der Umsetzung.

Diese wenigen Hinweise auf politische Leitformeln aus der Vergangenheit genügen bereits, um Aufschluss über deren Funktionsweise zu geben. Leitformeln sind Mittel der öffentlichen Kommunikation, sie wollen überzeugen und dadurch für das von ihnen formulierte Ziel Legitimation und politischen Rückhalt schaffen. Sie setzen an an Defiziten und formulieren Ziele, wobei das von ihnen formulierte „Leitbild" als Zielvorstellung nicht völlig aus er Luft gegriffen ist, sondern vielmehr auf eine gewisse Diskurs-Intensität, vielleicht sogar auf eine empirisch erkundbare Relevanz zurückgreifen kann. In der Perspektive formulieren sie keine Visionen für eine ferne Zukunft, sondern sie sind für eine überschaubare Zeit handlungsaktivierend und -leitend. Wer sich die kulturpolitischen Schriften von Glaser und Hoffmann anschaut, erkennt, dass ein erheblicher Begründungsaufwand betrieben wurde, um die jeweiligen Leitformeln, die eine bestimmte Politik legitimieren sollten, selbst zu begründen. Ist dies gelungen, dann dienen sie zur Abkürzung programmatischer Aussagen in der Praxis. Es ist daher kein Zufall, dass beide Autoren kulturpolitische Verantwortung in großen Kommunen trugen. Denn dort „spielt die Musik" (und musste bezahlt werden), so dass gute Leitformeln unmittelbar im politischen Alltag wirksam werden konnten. In der Folgezeit waren die achtziger und neunziger Jahre geradezu arm an solchen mitreißenden Leitformeln. Es war die Zeit eines ökonomischen Zugriffs auf die Kultur: Aus volkswirtschaftlicher Sicht ging es um Kultur als Wirtschaftsfaktor, in betriebswirtschaftlicher Sicht ging es um die Einführung von Kulturmanagement. Beides hatte mit der Knappheit öffentlicher Finanzen zu tun, was einen erhöhten Legitimationsbedarf für öffentliche Kulturausgaben zur Folge hatte. In erster Linie geriet der Wohlfahrtsstaat ins Visier der Kritiker: uneffektiv und zu teuer. Auch aus diesem Grund, sicherlich aber auch aus dem Anliegen heraus, der Demokratie eine neue Schubkraft zu geben, entdeckte man das bürgerschaftliche Engagement. Den einen ging es um eine Reduzierung öffentlicher Aufgaben, andere wollten eine größere Partizipation der Bürger an der Gestaltung des Gemeinwesens. Bei beiden Ansätzen stand die Neujustierung des Verhältnisses von Staat, Markt und Gesellschaft im Mittelpunkt. Nach einer starken Staatsbezogenheit in der Vergangenheit sangen nunmehr Reagan und Thatcher das uneingeschränkte Loblied des Marktes („schlanker Staat"). Bei der Suche nach einem „Dritten Weg" fanden sich renommierte soziologische Stichwortgeber. Antony Giddens und Ulrich Beck gehörten sicherlich zu den wichtigsten. Tony Blair erfand auf dieser Basis eine stärker marktorientierte New Labour neu, die erste rot-grüne Bundesregierung schloss sich in Deutschland an. Neue Slogans waren nötig, die die neue politische Ausrichtung verkaufen sollten: der „aktivierende Staat", der eine (bürgerschaftlich) aktivierte Gesellschaft zur Folge hat, in der Aktiv-Bürger nicht ständig dem Staat auf der Tasche liegen wollen, sondern selbst die Initiative – gerade in der Arbeitsmarkt- und Sozialpolitik – ergreifen. Und diejenigen Bürger, die diese Botschaft nicht so schnell verstehen wollten, wurden durch eine von Werbeagenturen umgestylte „Agentur für Arbeit" durch den programmatischen Slogan „Fordern und Fördern" auf Trab gebracht. Diese Politik war durchaus erfolgreich, wie man an den zahlreichen aktuellen Armutsberichten ablesen kann. Zuletzt hat es die OECD mitgeteilt: In keinem anderen OECD-Land ist die Schere zwischen Arm und Reich so weit auseinander gegangen wie in Deutschland.

Auch dies kann man also aus der Beobachtung von Slogans lernen: Sie können Politik verschleiern und sind dann nur noch Symbolpolitik, sie können aber auch Politik beschleunigen. Ihre Haltbarkeit ist in der Regel begrenzt. So hat die SPD inzwischen Abschied von dem „aktivierenden Staat" genommen und spricht jetzt vom vorsorgenden Staat, ebenfalls ein Konzept, das einen genauer zu untersuchenden theoretischen Hintergrund hat.

Als Vorabinformation und als Hinführung zu dem Thema und seiner Relevanz mögen diese Hinweise zunächst einmal genügen.

In dem vorliegenden Text soll etwas genauer untersucht werden, wie und warum Leitformeln funktionieren.

Es ist dabei nicht beabsichtigt, praktische Tipps für die Erfindung passender Slogans zu geben (obwohl man auch hierfür in Teil 1 fündig wird). Geplant ist vielmehr, theoretische Hintergründe aufzuzeigen. Dabei wird man schnell erkennen, wie komplex solche Überlegungen sein müssen. Diese Komplexität wird in einem ersten Teil zumindest in Umrissen angedeutet. Die Komplexität – was u. a. heißt, dass man sich aus der Sicht verschiedener Wissenschaften mit Slogans und Leitformeln befassen kann – hat für Menschen im Kulturbereich einen großen Vorteil. Denn diese Menschen haben ganz unterschiedliche Ausbildungen und Studien hinter sich. Meine These ist, dass jeder mit seiner spezifischen Ausbildung einen Zugang zu Slogans und Leitformeln finden kann.

Im weiteren Verlauf des Textes will ich eine kleine „Theorie" systematisch entwickeln.

Im zweiten Teil werden einige bekannte Slogans und Leitformeln mit Hilfe des vorher entwickelten Instrumentariums analysiert. Den Abschluss bildet eine historisch orientierte Fallstudie über den Zusammenhang von Leitformeln und theoretischen Grundlagen der Kulturpolitik.

1 Zur Einleitung: Assoziationen und Zugänge

„Weniger ist leer", so lautet ein Plakat-Slogan, der über einer mit nur wenigen Reiskörnern gefüllten Schale steht. Das Plakat ist Teil einer aktuellen Kampagne der Aktion „Brot für die Welt". Jeder versteht die Botschaft, ohne dass gesondert dazu aufgefordert werden muss: Man soll spenden. Beides wirkt hierbei, die sprachliche Form, die den Alltagsspruch „weniger ist mehr" raffiniert umformt, und das Bildmotiv der fast leeren Schale. Die erste Botschaft wurde schon genannt: Der Appell zum Spenden, also eine Aufforderung zu einem spezifischen Handeln. Es hätte gar nicht mehr des klein geschriebenen Untertitels bedurft („Ein Stück Gerechtigkeit"), um die moralische/moralphilosophische Dimension aufzuzeigen. Dahinter steckt ein spezifisches Bild vom Menschen, nämlich zum einen die Überzeugung, dass Menschen nicht hungern dürfen. Man könnte dies im Vorgriff auf spätere Überlegungen formulieren: Genügend Essen für alle! Und es steckt die Vorstellung dahinter, dass man Menschen zu einem altruistischen Akt bewegen kann: Der Mensch ist nicht grundsätzlich schlecht, sondern moralisch ansprechbar.

Gerade in der Vorweihnachtszeit konkurriert dieser Spendenaufruf mit ähnlichen Appellen anderer karitativer Organisationen. Auch wenn einem dies in diesem Zusammenhang nicht gefällt: Ein solcher Appell muss auffallen, muss sich im Kampf um die Aufmerksamkeit durchsetzen. Das Ganze kann also durchaus auch in Kategorien von Einfluss/Konkurrenz und sogar von Macht beschrieben werden. Akzeptiert man die Berechtigung des Appells – und ein Appell ist der Satz „weniger ist mehr", obwohl er sprachlich ein einfacher Aussagesatz ist –, könnte man ohne große Überlegung auf die Frage kommen: Wieso ist dieser Aufruf nötig? Wieso gibt es solche Armut in einer reichen Welt? Und man könnte weiter fragen: Wieso geschieht so wenig? Mit diesen Fragen betritt man sowohl ein soziologisches als auch ein politisches Terrain. Soziologisch ist es, weil es etwas mit der weltweiten Ressourcenverteilung auf bestimmte Menschen und Menschengruppen zu tun hat. Politisch ist es, weil die Frage nach Verantwortlichkeiten gestellt wird. Natürlich ist auch die ökonomische Dimension angesprochen. Geht man von diesem (oder einem beliebigen anderen) Beispiel aus und notiert assoziativ, welche Handlungsfelder und Wissensbereiche im Umgang mit solchen Slogans angesprochen werden, dann kommt man leicht zu einer ähnlichen (sicher nicht vollständigen) Übersicht wie in Abb. 1.

12 1 Zur Einleitung: Assoziationen und Zugänge

Abbildung 1: Leitformeln und Slogans

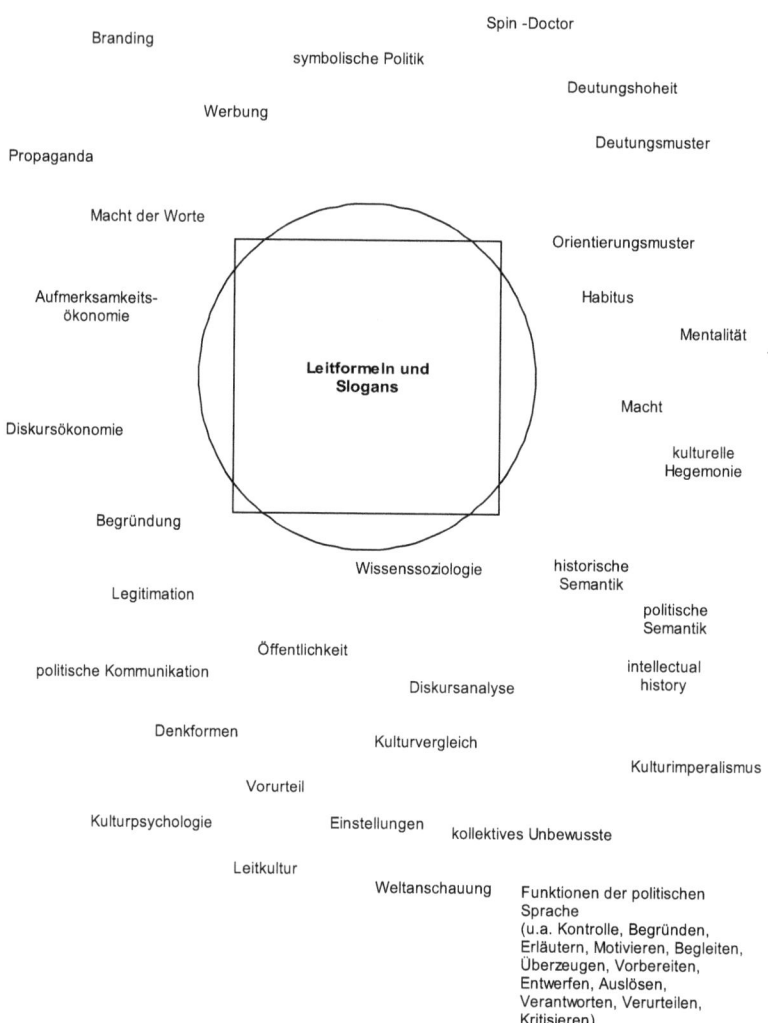

1 Zur Einleitung: Assoziationen und Zugänge

Offensichtlich gibt es eine erhebliche Komplexität, was sich auch in der Möglichkeit unterschiedlicher wissenschaftlicher Zugriffsmöglichkeiten zeigt:

- Es handelt sich um eine sprachliche Form, sodass die unterschiedlichen Sprachwissenschaften auf ihre Relevanz und ihren möglichen Beitrag zum Verstehen der Funktionsweise befragt werden können.
- Die Soziologie ist gleich mit mehreren Teil-Disziplinen angesprochen.
- Politikwissenschaft ist gefragt, da es um die Beeinflussung vieler Menschen geht.
- Philosophie kommt mindestens dort zum Einsatz, wo es um Normen geht.
- Wirtschaftswissenschaften kommen ohnehin in den Sinn, denn es handelt sich offensichtlich um eine spezifische Art der „Werbung", wenn auch für einen guten Zweck.
- Psychologie ist gefragt, denn es geht um Einstellungen und Überzeugungen, es geht um Handlungen und die Erzeugung von Motivation.

Im Folgenden will ich – in fast unvertretbarer Knappheit – diese Zugangsmöglichkeiten ein wenig präzisieren und erläutern. Als erste Bündelung lässt sich bereits jetzt festhalten: Es geht um den Zusammenhang von Sprache mit dem Denken, Fühlen und Handeln der Menschen. Leitformeln – man kann auch von Schlag- oder Schlüsselworten sprechen – spielen hierbei eine besondere Rolle. Josef Klein, Professor für Politolinguistik, formuliert dies so:

> „Mit Sprache bringen wir die Welt „auf den Begriff"; mit ihr regeln wir weitgehend die sozialen Beziehungen. Sprache ist die Bedingung für Machtausübung und selbst eine Macht ..." (Klein 2010, S. 7).

Und speziell zu den Leitformeln:

> „Vor allem Schlag- und Schlüsselwörtern wird das Potential zugetraut, Macht über Denken, Emotionen und Einstellungen gewinnen zu können und als Symbole mit Integrationskraft zu wirken .... Schlüsselworte sind sie, wenn sie für einen ganzen Diskurs stehen, zu dem ihre bloße Nennung den Zugang öffnet." (ebd., S. 8)

Teil 1: Werkzeugkiste zur Analyse von Leitformeln und Slogans

2 Die Macht der Sprache

Dass die Sprache als Zeichensystem wichtig ist für das Erkennen der Welt, weiß man schon lange. Spätestens seit Kant (1974, Bde. III und IV) hat dieses Wissen eine systematische Form und Begründung erhalten. Erkennen war nunmehr nämlich nicht mehr bloß mechanisches Abbilden dessen was ist (Sensualismus), sondern individuelle Konstruktion nach Maßgabe der im Subjekt vorhandenen Kategorien. Die Realität wurde in ihrer Existenz zwar nicht bestritten („Ding an sich"), war aber im Grundsatz nicht erkennbar. Seither unterscheidet man diese Realität von „der Wirklichkeit", die sich das Subjekt selber schafft. Dabei ist es nicht nur eine einzige Wirklichkeit. Ernst Cassirer hat sich in seiner „Philosophie der symbolischen Formen" (zusammenfassend in 1990) ausführlich mit den Möglichkeiten der Weltwahrnehmung befasst und ist daher auf einen ganzen Katalog von Weltzugangsweisen gestoßen: Neben der Sprache werden Mensch und Welt auch noch über Wissenschaft, Technik, Wirtschaft, Politik, Religion, Mythos und Kunst vermittelt. Jede dieser symbolischen Formen erfasst die Welt auf ihre eigene Weise, mit einem spezifischen „Brechungswinkel", wobei Welterfassung, Weltgestaltung und Selbstgestaltung eine Einheit bilden. In Bezug auf Sprache wurde die These von der Abhängigkeit des Weltbildes von der Sprache sogar zu einem Determinismus, also einer unvermeidbaren Abhängigkeit des Weltbildes von der Sprache zugespitzt. Diese Frage wird etwa im Kontext der Sapir-Whorf-Hypothese (oft auch: Humboldt-Sapir-Whorf-Hypothese) und unter dem Stichwort „linguistischer Determinismus" diskutiert.

Offensichtlich gehören diese Überlegungen zu dem in den letzten Jahrzehnten viel diskutierten Konstruktivismus, den es ebenfalls in vielen Ausprägungen gibt, die von einem Radikalen Konstruktivismus (der einen weitgehenden Determinismus des Weltbildes behauptet) bis hin zu moderateren Formen reichen (die lediglich die Aktivität des Subjekts bei der Erarbeitung eines Welt- oder Gesellschaftsbildes betonen). In jedem Fall spielt die Macht der Sprachformen – bzw. weitergehend: aller symbolischen Formen i.S. von Ernst Cassirer – eine wichtige Rolle. Leitformeln oder Slogans könnten also in dieser Perspektive als Medien einer spezifischen Welterkenntnis und der Entwicklung eines individuellen Weltbildes betrachtet werden. Damit ließe sich bereits an dieser Stelle erklären, warum der Umgang mit ihnen politisch so bedeutsam ist: Es geht um den Kampf um die Köpfe der Menschen. Wenn es mir gelingt, den anderen Menschen meine Sichtweise von Welt und ihren Problemen nahe zu bringen, ist bereits ein wichtiger Schritt für die Erlangung von Macht getan.

Bei der Rede von Sprache als „symbolischer Form" wurde der Symbolbegriff bereits in die Überlegungen eingebracht. In der Tat ist die Symbol- oder Zeichentheorie, gelegentlich spricht man auch von Semiotik, eine relevante Bezugsdisziplin, die man im Hinblick auf unsere Themenstellung hinzuziehen kann. Ein Symbol ist dabei ein materielles „Ding", dem man eine (ideelle) Bedeutung zuweist. Ein Beispiel ist ein Holzkreuz, das gleich für eine ganze anspruchsvolle Weltanschauung steht. Sprache, sei es geschriebene oder gesprochene, hat also Symbolcharakter. Dabei ist ein Spezifikum von Symbolen, dass der materielle Bedeutungsträger mit einer nicht immer eindeutig bestimmbaren Bedeutung verbunden ist, sodass eine Diskussion über die Bedeutung immer zu dem Umgang mit Symbolen gehört. Ganze Berufszweige leben davon, Sprache auszudeuten (Sprach- und Literaturwissenschaftler, Juristen, Theologen etc.). Hermes als Götterbote lieferte in der griechischen Mythologie die Botschaften der Götter an die Menschen stets in verschlüsselter Weise, sodass stets eine Ausdeutung dieser Botschaften, eben: die Hermeneutik, nötig war.

In der Zeichentheorie wird dieser Kommunikationssachverhalt ausdifferenziert. Das einfachste Modell geht von einem Sender des Zeichens, einem Empfänger und einer Botschaft aus. Dies hat etwa der Sprachwissenschaftler Karl Bühler in seinem Organonmodell der Sprache erfasst (Abb. 2).

Auch in unserem Kontext hilft dieses Organonmodell deutlich weiter. Der Sender eines Slogans – etwa der eingangs erwähnte Slogan „Weniger ist leer" – bringt seine Sorge und sein Mitgefühl zum Ausdruck. Unausgesprochen ist zudem die Botschaft, dass zu wenig Geld vorhanden ist. Es wird zudem deutlich, dass man diese Lage als Skandal, zumindest jedoch als ungerecht empfindet. Möglich sind natürlich weitere Deutungen: Jemand will sich mit einer gut konnotierten Botschaft als Jemand ins Gespräch bringen, der zu moralisch guten Wertungen fähig ist. Der Sender kann zudem ein Einzelner, eine Gruppe, eine Institution oder eine Organisation sein. Auch ganze Staaten können – etwa im Rahmen einer Sympathie- oder Touristikwerbung – Sender von Botschaften sein. Die Auswärtige Kultur- und Bildungspolitik hat etwa diese Aufgabe. Inzwischen sind auch technische Geräte Sender, etwa wenn mein Handy mich darüber informiert, dass mir jemand eine SMS geschickt hat oder der Akku leer ist (solche eindeutigen Botschaften nennt man „Signale"). Möglicherweise stecken hinter der Botschaft des Empfängers komplexe und komplizierte Aushandlungsprozesse, etwa wenn Parteien ihr Wahlprogramm in einem Slogan verdichten.

Der Gegenstand oder Sachverhalt, der angesprochen wird, ist bei unserem Slogan „Weniger ist leer" auch klar. Gerade bei diesem geschickt formulierten Slogan erkennt man, dass ein solcher sprachlicher Ausdruck nicht für sich iso-

2 Die Macht der Sprache

liert dasteht, sondern in einem durchaus komplizierten Kontext platziert ist. Hier wird etwa die Kenntnis des Originalspruches vorausgesetzt. Damit schränkt man möglicherweise den Kreis derer ein, die sich angesprochen fühlen sollen: Es könnte um den Ausweis einer spezifischen Kennerschaft gehen. Bei anderen Slogans könnte der Urheber unabsichtlich eine Bedeutung ansprechen, die nicht gewollt wurde. So gibt es die Geschichte einer Agentur, die einen schicken Phantasienamen für ein Auto entwickeln sollte. Als dieser zur Zufriedenheit aller gefunden war, stellte sich heraus, dass er in der Sprache eines wichtigen Exportlandes ein übles Schimpfwort war. Das Spiel mit Bedeutungen ist also durchaus riskant.

Abbildung 2: Das Organonmodell von Sprache

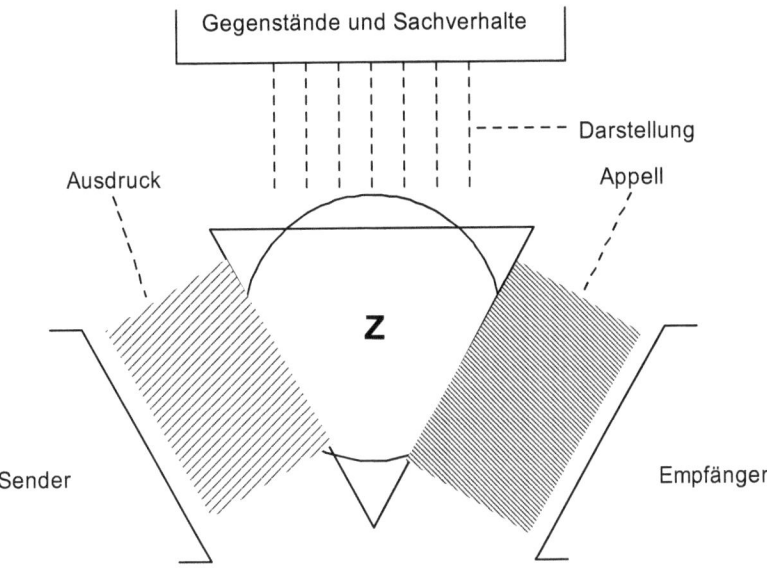

Quelle: Bühler 1982, S. 28

In den meisten – möglicherweise in allen – Fällen möchte man eine Botschaft an einen oder mehrere Empfänger übertragen. Zwar ist es auch denkbar, dass man etwas schreibt, um für sich selbst Klarheit zu bekommen, z. B. das Tagebuch oder einen Text zur wissenschaftlichen Selbstverständigung, doch auch dann hat man einen Empfänger: nämlich sich selbst und das Ganze kann in der Perspektive der Selbstreflexivität betrachtet werden. Diese wiederum ist ein wesentliches Bestimmungsmoment des Bildungsbegriffs, sodass diese Botschaft an sich selbst als (Selbst-)Bildungsprozess verstanden werden kann. In der Tat spielen Tagebücher genau diese Rolle. Normalerweise richtet man jedoch die Botschaft an andere. Diese können aus bestimmten, persönlich bekannten Personen bestehen, sie können aus einer klar konturierten, aber unbekannten Zielgruppe bestehen, sie kann aber auch eine diffuse Masse von Menschen sein, vielleicht – wie im Falle von Wahlslogans – alle Wahlberechtigten eines Staates oder – bei Werbeslogans – alle, die kaufen könnten.

Damit ergeben sich für die weitere Untersuchung einige Fragen:
- Was will wer mitteilen? (Motivation, Anliegen, Ziel)
- Wer soll warum angesprochen werden? (Zielgruppe, Intention)
- Was ist die geeignete sprachliche Form für Sender, Empfänger und Inhalt?
- Welche Wissenskontexte werden unterstellt?
- Welche Medien sind geeignet?

Das einfache Zeichenmodell von Bühler liefert also sofort eine Reihe wichtiger Fragen. Man kann sogar weitere fachliche Zugänge ableiten, z. B.:

Insofern Fragen der Motivation und Überzeugung vom Sender und Empfänger angesprochen sind, ist die Psychologie gefragt. Wenn es um Zielgruppen geht, kann die Soziologie weiterhelfen. Die Suche nach der geeigneten sprachlichen Form gehört in die Zuständigkeit der Sprachwissenschaften. Die Botschaft wiederum kann rein expressiv sein (z.B. „Prima"), sie kann informativ, also wissenserweiternd sein, sie kann instruktiv, also handlungsfordernd sein, sie kann – zusätzlich – Gemeinschaftlichkeit oder auch soziale Distanz herstellen.

An dieser Stelle lassen sich sinnvoll weitere semiotische Fachbegriffe einführen (Abb. 3).

Offenbar findet sich das Organonmodell von Bühler leicht in diesem komplexeren Zeichenmodell wieder: Sender und Empfänger als Zeichenverwender machen die pragmatische Dimension aus (pragma (gr.): Handeln). Die Botschaft wird in diesem semiotischen Modell ausdifferenziert nach der Struktur der Zeichenanordnung (Syntax), dem möglicherweise erfassten Gegenstand oder Sachverhalt, auf den sich die Zeichen beziehen (Sigmatik), und die jeweilige (ideelle) Bedeutung (Semantik).

Mit der Berücksichtigung der Kontexte der Sender, der Empfänger und der Botschaft wird die kulturelle Dimension eingeholt. Dies wird zudem noch dann verstärkt, wenn die übermittelte „Botschaft" ein künstlerisch gestaltetes Werk, etwa ein Roman, ein Gedicht oder eine Kurzgeschichte ist. Auch hierzu gibt es zwei aussagekräftige Abbildungen (Abb. 4).

2 Die Macht der Sprache

Abbildung 3: Semiotik der Sprache

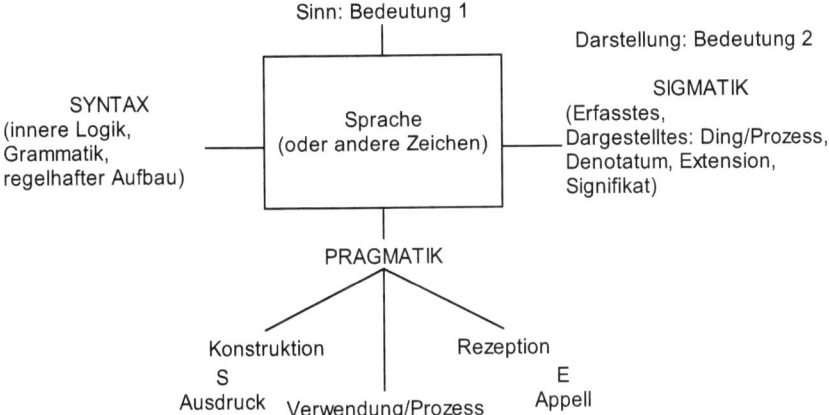

Diese allgemeinen und sprach-theoretischen Überlegungen lassen sich nunmehr anwenden auf kulturpolitische Leitformeln und Slogans. Als spezielle Zeichenreihen lassen sich die semiotischen Dimensionen Syntax, Semantik, Sigmatik und Pragmatik unterscheiden (Abb. 5). Die Pragmatik als das Verhältnis von Sender und Empfänger wurde bereits oben angesprochen. Der gegenständliche Bezug (Sigmatik) lässt sich im Hinblick auf schon Vorhandenes oder auf erwünschte Realitäten unterscheiden. Die semantische Dimension bezieht sich darauf, was die verwendete Begrifflichkeit alles bedeuten kann. Man kann sich dies an jedem beliebigen politischen Begriff verdeutlichen (z. B. Gerechtigkeit, Freiheit, Chancengleichheit, bei dem die verschiedenen Parteien ganz verschiedene Vorstellungen haben und jeweils ihre Deutung als die bereits akzeptierte durchsetzen wollen). Die Dimension der Syntax bezieht sich hier nicht nur auf die sprachlich korrekte Konstruktion des Slogans, sondern erfasst auch die widerspruchsfreie Einordnung des verhandelten Begriffs in übergreifende Konzeptionen, etwa in Parteiprogramme. All dies wird im folgenden ausführlicher erläutert.

Abbildung 4: Transformationsprozesse Kunst/Wirklichkeit

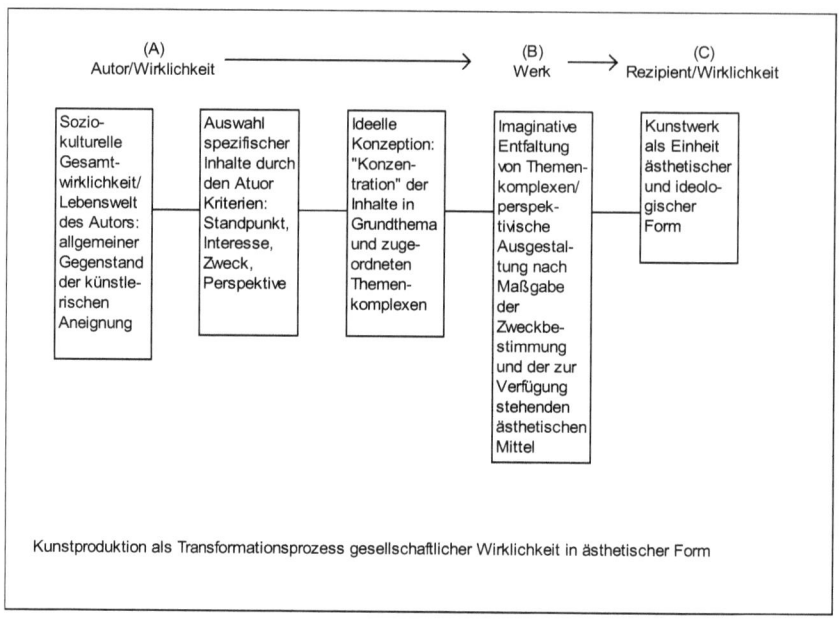

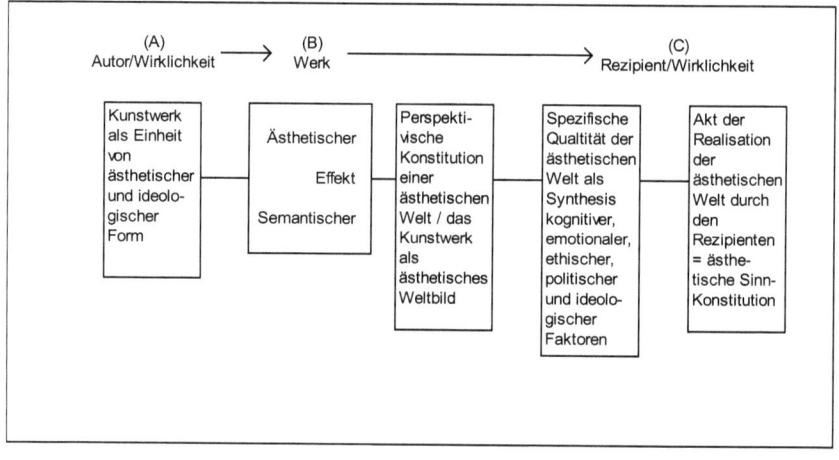

Quelle: Metscher 1982

2 Die Macht der Sprache 23

Abbildung 5: Logik der Leitformeln am Beispiel der Kulturpolitik

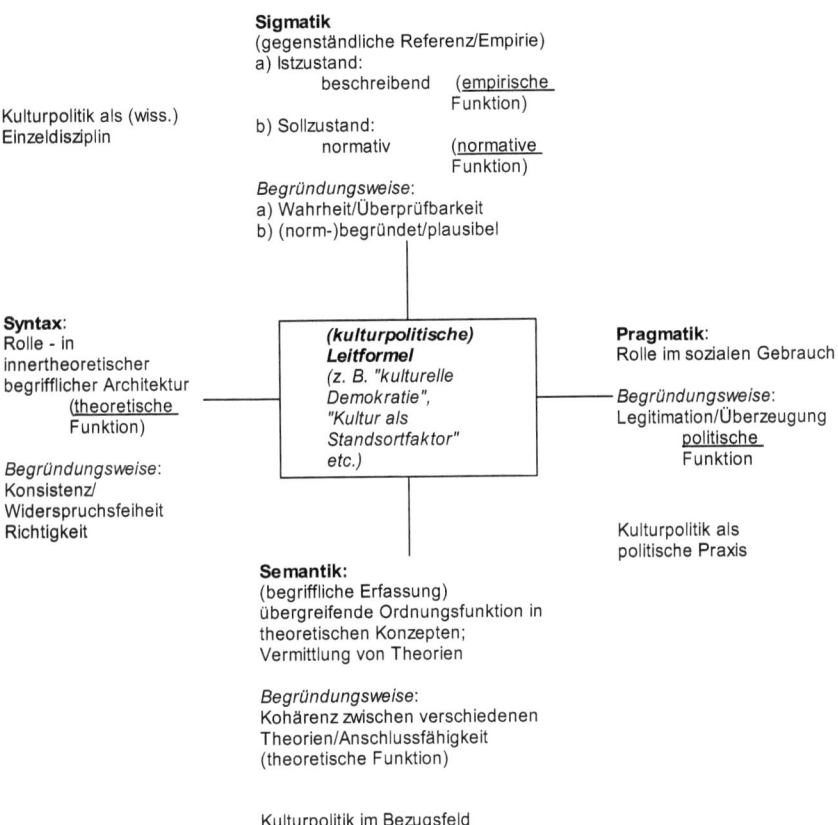

Sprache im Wandel

Sprache ist nicht statisch, sondern vielfach eingebunden in den sozialen und kulturellen Wandel und damit selbst einem ständigen Wandel unterworfen. Dies gilt für die Alltagssprache, wo sich praktisch jede neue heranwachsende Generation ihren eigenen Sprachstil schafft, um sich von den Älteren abzugrenzen (vgl. aktuell Wiese 2010). Die Globalisierung tut ein Übriges. Zudem bringt die technische Entwicklung neue Selbstverständlichkeiten. Wer hätte vor 15 oder 20 Jahren mit den Worten E-Mail, Simsen oder Download etwas anfangen können?

In besonderer Weise ist zum einen die Wissenschafts- und philosophische Sprache, zum anderen die politisch-soziale Sprache Gegenstand von Forschungen. In beiden Feldern liegen mit den „Geschichtlichen Grundbegriffen" (Brunner u. a. 1972/2004) und dem „Historischen Wörterbuch der Philosophie" (Ritter u. a. 1979ff.) wichtige Dokumente intensiver Forschung vor.

Begriffe haben ihre Geschichte, sind mit dieser eingebunden in komplexe historische Prozesse und leisten auch selber einen Beitrag dazu, Geschichte zu machen. „Historische Semantik" heißt eine solche Disziplin, die den Bedeutungswandel der Begriffe untersucht. Ich will nur ein einziges Beispiel dafür geben, welche Vorsicht bei der Verwendung wichtiger Begriffe geboten ist. Das „Subjekt", sicherlich ein Kernbegriff der philosophischen, der wissenschaftlichen und der Alltagssprache, hat einen eindrucksvollen Bedeutungswandel hinter sich. Bis ins 18. Jahrhundert war das Subjekt – entsprechend der lateinischen Grundbedeutung – das Unterworfene. Das Subjekt ist unten, gebeugt unter der Last derer, die es unterdrücken. Mit der Subjektphilosophie – Kant wurde bereits oben erwähnt – ändert sich dies. Plötzlich rückt das Subjekt in den Mittelpunkt, wird zum Aktivitätenzentrum. Das Bild des Oben und des Unten bleibt. Doch nunmehr ist das Subjekt dasjenige, das das Obenliegende trägt: Es ist die Basis, das Fundament. Am Beispiel des Erkennens wurde es oben schon angedeutet: Der Einzelne ist nicht mehr passives Aufnahmebecken für vorgegebene äußere Eindrücke, sondern aktiver Produzent seiner Erkenntnis. Mit dieser Akzentverschiebung um 180° beginnt aber auch bald eine Hypostasierung des Subjekts, beginnt ein Ich-Kult, etwa bei Fichte und in der Romantik. Das Subjekt wird heroisiert. Man muss allerdings bald erkennen, dass die Idee des handlungsfähigen Subjekts, das alleine und autonom die Bedingungen seiner Existenz bestimmt und beherrscht, von der Realität blamiert wird. Es folgte eine Demontage dieser grandiosen Idee, etwa bei Nietzsche, die mit der Proklamation des „Endes des Subjekts" in der Postmoderne, für die Nietzsche ein entscheidender Stichwortgeber war, endete. In den letzten Jahren ist wieder eine Rehabilitation der Subjektidee zu beobachten. Es ist zwar nicht mehr das heroische und autonome Subjekt des frühen 19. Jahrhunderts, sondern der in vielfältige soziale und politi-

2 Die Macht der Sprache 25

sche Beziehungen verstrickte Einzelne, der seine Identität mühsam immer wieder konstruieren und der immer wieder an seiner Selbstkonstituierung, an seiner Selbstbehauptung arbeiten muss. Bei einer Rede vom „Subjekt" ist es also überhaupt nicht gesichert, in welcher Bedeutung man diesen Begriff aufnimmt (Veith 2001; Fuchs 2001).

An diesem Beispiel lässt sich zeigen, was Reinhart Koselleck im Anschluss an französische Wissenschaftshistoriker (Bachelard, Canguilhem) zur Grundlage der „Geschichtlichen Grundbegriffe" gemacht hat: die Bedeutung der Zeit zwischen 1770 und 1830, die er „Sattelzeit" und die die genannten Franzosen „Rupture" (Bruch) nennen. In dieser Zeit erfahren fast alle zentralen Grundbegriffe einen erheblichen Bedeutungswandel. Interessant ist es daher, diesen semantischen Wandel in Beziehung zu setzen zu ökonomischen, kulturellen und sozialen Veränderungen. Geschichtswissenschaft, Sprachwissenschaft, Philosophie und (historische) Wissenssoziologie kommen so in eine enge fruchtbare Kooperationsbeziehung. Dies gilt insbesondere für die in den Handbuch von Koselleck erfassten politisch-sozialen Begriffen (in unserem Fall etwa „Kultur", „Staat", „Bildung" etc.).

Neben den genannten Autoren und Arbeitsfeldern hat in den letzten Jahren die Diskursanalyse, in unserem Kontext: die historische Diskursanalyse, eine große Bedeutung erlangt (Landwehr 2008). Der Diskursbegriff ist dabei ausgesprochen vieldeutig, da er in unterschiedlichen Theoriesystemen verwendet wird (z. B. die einflussreiche Diskursethik von Habermas). Die hier vorgestellte Zugangsweise auf Begriffe ließe sich daher auch auf den Diskursbegriff verwenden. An dieser Stelle will ich auf die (historische) Diskursanalyse im Anschluss an Michel Foucault hinweisen. In einem komplexen Werk, bei dem er immer wieder neue methodologische Zugangsweisen auf die „Geschichte der Denksysteme" (so die Bezeichnung seiner Professur am Collège de France) erprobt, hat er dem Diskursbegriff eine besondere Note gegeben. In zahlreichen historischen Studien zeigt er, wie in den jeweiligen Diskursen Wissen vor allem über Menschen in schwierigen Situationen (in Krankenhäusern, Irrenanstalten, Gefängnissen, Schulen) erzeugt wird und so Vorstellungen von diesen als Subjekte entwickelt werden. All dies geschieht in komplexen Machtgeflechten, sodass es eine enge Verstrickung von Subjekt, Wissen und Macht gibt. Sprache ist also nicht bloß wertfreies Kommunikationsmittel, sondern effektives Mittel der Formung des Sozialen, des Politischen und des Subjekts. Einige weitere knappe Hinweise.

Sprache bezieht sich in ihrer Abbildfunktion auf eine Realität. Zum einen kann es sich dabei um eine vergangene, eine zur Zeit existierende oder eine erwünschte zukünftige Realität handeln. Dies heißt zum einen, dass man eine normative von einer beschreibenden Dimension unterscheiden muss. Sprache als Mittel der oft genug kritisch angelegten sozialen Utopien verstärkt ihre politische

Bedeutung. Zum anderen spielt die Art des gedachten Zusammenhangs der Sprache als Zeichensystem mit der Realität eine Rolle. Da diese Überlegung vielleicht ein wenig irritiert, will ich es kurz erklären. Man kann sich Sprache (oder ein anderes Zeichensystem) so vorstellen, dass es zwischen den Zeichen und den Objekten, die bezeichnet werden, eine Relation R gibt (Abb. 6).

Abbildung 6: Die Relation Zeichen – Objekt

R = Zeichensystem ⟶ Objektbereich

Ein Spezialfall ist hierbei, wenn sich jedes Zeichen oder jede Kombination von Zeichen (also z. B. Wörter oder Sätze) auf genau ein „Ding", ein Ereignis oder einen real ablaufenden Prozess bezieht. Dies nennt man in der Mathematik „Eindeutigkeit". Wenn sich zudem umgekehrt für jedes reale Objekt genau ein Zeichen oder eine Zeichenreihe findet, spricht man von einer eineindeutigen Relation. Ist dies der Fall, dann ist es gleichgültig, ob man mit den Zeichen oder mit den Objekten operiert. Denn stets lässt sich diese Operation durch die eineindeutige Beziehung zwischen Zeichen und Objekten auf den jeweils anderen Bereich übertragen.

Solche Ideen einer strikten Vergleichbarkeit zweier Bereiche nennt man Homomorphie oder sogar Isomorphie oder auch – in der Literaturwissenschaft etwa – Homologie. Die Romantheorie des französischen Literaturtheoretikers Lucien Goldman spricht etwa von einer Homologie zwischen Roman und Gesellschaft, insofern der Roman die Klassenstrukturen der Gesellschaft abbildet. Trifft also dieser Tatbestand zu, hat man es recht komfortabel: Denn der Umgang mit Zeichen ist meist bequemer als der Umgang mit Dingen. In der Tat spielt in der Geschichte des abendländischen Denkens diese Denkform eine große Rolle: Bis ins 18. Jahrhundert ist man von einer solchen „designativen Zeichentheorie" ausgegangen. Beispiele sind kombinatorische Modelle, wie sie etwa Leibniz als spezifische Erfindungskunst (ars inveniendi) entwickelt hat. Denn mit dem systematischen Spiel mit Zeichen kann man alles mögliche Wissen generieren. Foucault (1971) zeigt in seinem Bestseller „Die Ordnung der Dinge", wie sich diese Denkweise (er nennt dies „episteme") quer durch verschiedene Wissensgebiete finden lässt.

Ende des 18. Jahrhunderts (auch er bestätigt die oben erwähnte „rupture" oder „Sattelzeit" um den Jahrhundertwechsel 1800) verändert sich die Zeichentheorie. Der eineindeutige Bezug Zeichen – Ding wird aufgelöst, wird flexibilisiert. Das scheint auf den ersten Blick ein Stück Unbequemlichkeit mit sich zu bringen. In der Realität hat es jedoch eine unglaubliche Wissensexplosion mit sich gebracht. Denn zum einen hat das Studium der Zeichensysteme (auch das

2 Die Macht der Sprache

Studium des Zeichensystems Sprache seit Herder und Humboldt) gezeigt, dass deren Struktur doch komplizierter ist, als man es sich bis dahin vorgestellt hat. Zum anderen wurde deutlich, dass die eineindeutige Beziehung zwischen Zeichensystem und Objektbereich nur in wenigen (meist uninteressanten) Fällen herzustellen ist. In der Mathematik hat die Loslösung der mathematischen Symbole von irgendwelchen physikalischen Gegebenheiten zu einer Wissens-Explosion im Bereich der (reinen) Mathematik geführt. Wissen wurde nunmehr als unabgeschlossen und damit als entwicklungsfähig gedacht. Universitäten wurden so von bloßen Lehr- zu Lehr- und Forschungseinrichtungen (Fuchs 1998, Kap. 6). Die Deutungsoffenheit – und somit die Deutungsnotwendigkeit – von Sprache und anderen Zeichenkomplexen (etwa von Kunstwerken) ist heute Allgemeingut. Dies gilt natürlich auch für die spezifischen sprachlichen Formen Slogan und Leitformel.

3 Die Beeinflussung der Vielen

Dass Sprache nicht nur wertfreies Mittel der Kommunikation ist, sondern vielfältig für soziale und politische Prozesse verwendet wird, wusste man praktisch immer schon. Die frühen Hochkulturen vor allem in Griechenland und Rom pflegten diesen Aspekt in besonderer Weise. Die Sophisten waren geradezu berüchtigt für eine manipulativ überzeugen wollende Sprachverwendung. Rhetorik gehörte für den gebildeten Griechen und Römer zum selbstverständlichen Bildungskanon, wenn er seine Pflicht als Polisbürger bzw. bei den Versammlungen auf dem Forum nachkommen wollte. Welche Sprache und Sprachform wird gewählt? Wie sind Argumente geschickt anzuwenden? Wie sind die logischen Ableitungszusammenhänge zwingend zu gestalten? Wie werden die Argumente präsentiert? Es liegt auf der Hand, dass gerade in einer Mediengesellschaft und vor allem in einer Mediendemokratie all diese Aspekte eine besondere Relevanz erhalten. Mit der sozialen Bedeutung von Sprache befassen sich einige soziologische Teildisziplinen. Einige ausgewählte Ansätze sollen nunmehr vorgestellt werden.

Soziologische Zugänge

Soziolinguistik war in den 1960er und 1970er Jahren geradezu ein Modethema. Die Kenntnis über die Unterscheidung verschiedener Sprach-Codes bei unterschiedlichen Gesellschaftsgruppen, etwa der „restringierte" und der „elaborierte Code", wie Basil Bernstein sie unterschieden hat, gehört seither zum Alltagswissen. Der Zusammenhang von Sprachgebrauch, Gruppenzugehörigkeit und gesellschaftlichen Aufstiegschancen wurde in empirischen Studien herausgestellt. Eine besondere Rolle spielte die Sprache als wichtiger Teil kultureller Ausdrucksformen in den Studien von Pierre Bourdieu über den „feinen Unterschied" (1987).

Sprache ist zudem eine Form des Handelns. Dieser sprachphilosophische Ansatz wurde in der Sozialphilosophie vor allem in der Diskurstheorie von Jürgen Habermas aufgegriffen. Insbesondere hat die Dimension des Performativen, bei der die Sprachhandlung selbst das angestrebte Faktum schafft (Beispiele:

Schiffstaufe, Eid, Eheschließung durch Standesbeamten), inzwischen in der Kulturarbeit eine große Bedeutung erhalten.

Ein weiterer aus der (Wissens-)Soziologie stammender Zugriff, der in unserem Kontext relevant ist, ist der Deutungsmusteransatz. Dieser geht auf die phänomenologische Soziologie von Alfred Schütz zurück und hat in Deutschland seine präziseste Ausarbeitung bei Ulrich Oevermann in den 1970er Jahren gefunden. Ich beziehe mich hier auf die vermutlich profundeste Anwendung dieses Ansatzes im weiten Feld von Bildung und Kultur, nämlich auf die Studie von Bollenbeck (1994):

> „Das Deutungsmuster leitet Wahrnehmungen, interpretiert Erfahrenes und motiviert Verhalten. Diese individuelle Sinngebung vollzieht sich persönlich, ist aber keineswegs unvergleichlich, denn Deutungsmuster meint von außen angeeignete, vorgefertigte Relevanzstrukturen, die man nicht auswählt, sondern eher übernimmt." (ebd., S. 19).

Anhand dieser Begriffsbestimmung lässt sich bereits jetzt feststellen:

Ein Ziel bei der Schaffung erfolgreicher Slogans und Leitformeln besteht darin, dass sie zu allgemein akzeptierten Deutungsmustern werden.

Wieso ist dies der Fall? Deutungsmuster leiten die Wahrnehmung. In konstruktivistischer Tradition könnte man sogar stärker formulieren: Sie entscheiden geradezu darüber, was wahrgenommen wird, sie konstituieren das Bild von der Welt.

Deutungsmuster interpretieren Erfahrungen. Das heißt, sie geben diesen einen Sinn, eine Orientierung, sie ordnen sie ein in vorhandenes Erfahrungswissen, sie sind entscheidender Teil der individuellen Sinngebung.

Deutungsmuster motivieren. Man erinnere sich an die Appellfunktion von Sprache bei Bühler: Es geht letztlich um ein erwünschtes Handeln der Menschen. Ein solches lässt sich stets nur auf zwei Arten erzeugen: durch Gewalt (sehr aufwendig) oder durch Motivation der Betroffenen.

Deutungsmuster arbeiten zwar jeweils individuell, allerdings mit dem Ziel, dass sie von möglichst vielen übernommen werden.

Damit tragen Deutungsmuster zu einer Konstitution des Sozialen bei, dass nämlich die in einer Gruppe versammelten Menschen vergleichbare Wahrnehmungen und darauf aufbauende Weltbilder haben: Deutungsmuster vergesellschaften. Diese Vergesellschaftung geschieht über Zeichen und Symbole, ist also eine symbolische Vergesellschaftung. Bollenbeck untersucht auf dieser theoretischen Grundlage die Begriffe „Bildung" und „Kultur" und kommt zu dem auch für uns relevanten Ergebnis:

3 Die Beeinflussung der Vielen

„In der Semantik des deutschen Bildungsbürgertums werden die beiden Begriffe „Bildung" und „Kultur" zu einem Deutungsmuster verknüpft, das individuelle Sinngebung und symbolische Vergesellschaftung qua Sprache organisiert und damit Wahrnehmung lenkt. Das Bildungsbürgertum ist die eigentliche Trägerschicht des Deutungsmusters. Mit ihm versucht es, Welt zu erklären und zu gestalten" (ebd., S. 25).

Dieses Ergebnis ist in mehrfacher Hinsicht für uns relevant.

„Bildung" und „Kultur" sind Deutungsmuster. Sie sind politisch relevant und einflussreich. Dies erklärt, warum es sich lohnt, um sie zu kämpfen. Wer über einflussreiche Deutungsmuster bestimmt, übt Macht aus. Dies erklärt, dass es zwischen Deutungsmustern – und damit zwischen unterschiedlichen Welt-Erklärungen – Konkurrenzkämpfe geben muss.

Deutungsmuster haben spezifische Trägergruppen. Hinter dem Kampf zwischen Deutungsmustern steht also der Kampf verschiedener identifizierbarer gesellschaftlicher Gruppen um Macht und Einfluss. Man kann sich diese Überlegung etwa an dem Begriff der „Sozialen Marktwirtschaft" verdeutlichen, der eindeutige Urheber und Quellen hat, der sich dann aber als so erfolgreich herausgestellt hat, dass heute (fast) alle Parteien ihn für sich in Anspruch nehmen wollen. Ein weiterer Gedanke lässt sich hier anfügen. Wenn man mittels Deutungsmustern die Welt erklären will, dann ist man nicht in dem Feld einer wertfreien Erkenntnistheorie, sondern es geht auch um Interessen, um die Durchsetzung solcher Welterklärungen, die bestimmten Gruppen nützen. Dies heißt, dass man hierbei in dem weiten Feld der Ideologie ist: Wissen über Gesellschaft ist interessengebunden. Neben der Ideologietheorie lässt sich daher die machtsensible Diskurstheorie von Foucault – durchaus auch als Konkurrenzprogramm zur Ideologietheorie – hinzuziehen. Dies aber heißt, dass nicht nur der praktische Umgang mit Deutungsmustern nur unter Berücksichtigung von Machtfragen verstanden werden kann: Auch die Theorien, die sich mit solchen Fragen befassen, liegen in Konkurrenz zueinander und können in Kategorien von Macht und Einfluss – hier: im Markt der Theorieangebote, die dann auch mit Stellen an Hochschulen, Forschungsgeldern etc. verbunden sind – verstanden werden.

Gerade im Hinblick auf mögliche Theoriekonkurrenzen, aber auch wegen der Unmöglichkeit, gerade bei unserem Thema darauf zu verzichten, ist an das Werk von Pierre Bourdieu zu erinnern. Mit Foucault seit den Jugendjahren in Pariser Eliteschulen befreundet, zugleich viele Jahre Kollege am Collège de France, in ihrer wissenschaftlichen Arbeit häufig mit ähnlichen Themenstellungen beschäftigt und oft genug Seite an Seite in der politischen Auseinandersetzung, gibt es doch kaum wechselseitige Bezüge in ihren Schriften. Daher besteht bis heute ein Forschungsproblem darin, die Vereinbarkeit der beiden Ansätze zu untersuchen. Ich gehe (vorläufig) davon aus, dass es sinnvoll ist, beider Arbeiten als komplementär anzusehen (Kajetzke 2009). Doch was ist der Beitrag von Bourdieu zu unserem spezifischen Thema? Hierfür müssen knapp einige Grundbegriffe geklärt werden. Bourdieu erweitert die Kapitaltheorie von Marx um weitere Kapitalsorten. So werden neben dem ökonomischen Kapital, über das ein Mensch verfügt, mit „Kapital" alle Potentiale erfasst, die Handlungsmöglichkeiten eröffnen. Dazu gehört insbesondere die Bildung, die zu dem kulturellen Kapital gehört. Dieses existiert neben dieser „inkorporierten Form" als Bildung auch als institutionalisiertes (etwa ein Bildungstitel) und objektiviertes (etwa Bücher, Kunstwerke etc.) kulturelles Kapital. Als dritte Kapitalsorte wird soziales Kapital (z. B. die Summe sozialer Beziehungen, die Netzwerke und Seilschaften) unterschieden. Die Kombination dieser Kapitalsorten bewirkt eine bestimmte Position im sozialen Raum. Eine vierte Kapitalsorte ist das symbolische Kapital. Dazu gehören etwa Status, „guter" Geschmack, Ehre, Autorität, dies aber nur dann, wenn sie öffentlich anerkannt werden. Offensichtlich gibt es eine enge Wechselwirkung zwischen der Fähigkeit, Slogans und Leitformeln durchzusetzen, und dem symbolischen Kapital.

Die individuelle Seite wird zudem durch das ertragreiche Konzept des Habitus eingeholt. Ein Habitus ist dabei eine „strukturierte Struktur", ein System von Dispositionen, Wahrnehmungs-, Denk- und Bewertungsformen, die das Handeln des Einzelnen bestimmen. Offensichtlich gehören angeeignete Deutungsmuster zu dem Habitus dazu, sodass sich die Frage nach der Wirksamkeit von Slogans auch als Frage danach formulieren lässt, wie die Aneignung von Deutungsmustern und weiter: des Habitus funktioniert. Dies verweist auf die Relevanz von Sozialisation und Pädagogik. Bourdieu ist als politischer Soziologe (und als Bürger) daran interessiert, wie sich Macht konstituiert. Bei dem Erkennen der Relevanz des Symbolischen bezieht sich Bourdieu auf Ernst Cassirer. Die Frage ist, wie man Menschen dazu bringt, das zu tun, was von ihnen erwartet wird. Der Weg körperlicher Gewalt ist aus verschiedenen Gründen in der Moderne nicht mehr so ohne weiteres zu beschreiten, obwohl die Gewaltförmigkeit der modernen Gesellschaft nicht unterschätzt werden darf. Man erinnere sich nur an den langen Weg, bis in Deutschland gewaltfreie Erziehung gesetzlich vorgeschrieben wurde. Dabei sind Fragen struktureller Gewalt – etwa die These aus der ersten PISA-Studie, das deutsche Schulsystem sei ein Ort „struktureller Demütigung" – noch nicht berücksichtigt.

Symbolische Gewalt entsteht durch Prozesse der Anerkennung und Legitimierung von Macht- und Unterdrückungsverhältnissen. Dies geht nicht ohne Zutun der Menschen. Gewalt ist also nicht bloß einseitig Unterdrückung, sondern – ebenso wie bei der dialektischen Machttheorie von Foucault – ein Wechselspiel zwischen den Akteuren. Man spricht sogar von einer „Komplizenschaft". Symbolische Macht oder Gewalt (beide Begriffe werden oft synonym verwen-

3 Die Beeinflussung der Vielen 33

det) basieren auf symbolischem Kapital. Es geht jeweils um Prozesse der Anerkennung. Verankert ist dies im Habitus:

> „Die symbolische Kraft ist eine Form von Macht, die jenseits allen physischen Zwangs unmittelbar und wie durch Magie auf die Körper ausgeübt wird. Wirkung aber erzielt diese Magie nur, indem sie sich auf Dispositionen stützt, die wie Triebfedern in die Tiefe des Körpers eingelassen sind ... . Anders gesagt, sie findet ihre Möglichkeitsbedingungen und ihr ... wirtschaftliches Gegenstück in der gewaltigen vorgängigen Arbeit, die für die nachhaltige Transformation der Körper und die Erzeugung der dauerhaften Dispositionen notwendig ist, welche sie auslöst und wachruft." (Bourdieu 2005, S. 71).

Symbolische Gewalt hat als zentrales Medium die Sprache. Daher gibt es ausführliche Studien von Bourdieu über Sprache (z. B. Bourdieu 1990).

Im Hinblick auf Slogans und Leitformeln verstärkt der Hinweis auf Bourdieu die hohe Relevanz dieser spezifischen sprachlichen Form im Hinblick auf die Durchsetzung von Interessen. Sie sind Mittel der symbolischen Gewalt. Ihre Wirksamkeit hängt wiederum zusammen mit dem symbolischen Kapital (vor allem des Senders) und dem Habitus (vor allem des Empfängers).

Milieus und Mentalitäten

In früheren Jahren lieferte die Soziologie einfache, aber für verschiedene Zwecke zu ungenaue Gesellschaftsmodelle, etwa das Marxsche Zwei-Klassen-Modell. Immerhin konnte man hierbei zwei Typen von Gruppenangehörigen unterscheiden. Marx sprach von „Charaktermasken", nämlich den Kapitalisten und den Lohnarbeitern, die entsprechend der Logik ihrer Klasse handeln und die sich daher ein klassenspezifisches Bewusstsein aneignen mussten. Das Problem bei dem Proletariat bestand dabei von Anfang an für Marx und andere sozialistische Vordenker darin, dass die objektive Klassenlage oft von den Betroffenen verkannt wurde. Die Entwicklung eines revolutionären Klassenbewusstseins stand daher für die entstehende Arbeiterbewegung auf der Tagesordnung. Zugleich entstanden Untersuchungen über die Funktionsweise eines solchen Aneignungsprozesses. Nicht nur in der marxistisch orientierten Mediengeschichtsschreibung kann man dabei studieren, dass der Apparat der „Bewusstseinsindustrie" (Enzensberger) parallel dazu aufgebaut wurde: Es tobte ein Kampf um Köpfe und Herzen der Menschen. Ein bekanntes Beispiel ist der Kampf um die Begriffe „Arbeitgeber" und „Arbeitnehmer". Zwar ist es von der Sache her eigentlich einleuchtend, dass es der Arbeiter ist, der seine Arbeitskraft gibt. Doch ist es bis heute gelungen, diesen Tatbestand in der öffentlichen Kommunikation um 180°

umzudrehen. So spricht man von einem „Arbeitgeber" und meint denjenigen, der die Arbeitskraft anderer nimmt.

In der Soziologie arbeitete man sich seither daran ab, alternative Modelle einer Gesellschaftstheorie jenseits der Vorstellung einer Klassengesellschaft zu entwickeln (wobei dieser umstrittene Begriff gar nicht auf Marx, sondern auf den konservativen Sozialreformer Lorenz von Stein zurückgeht). Das Schichtenmodell der bürgerlichen Gesellschaft war eine bis heute erfolgreiche Alternative. Schon alleine die Existenz einer Mittelschicht konterkariert die Idee von nur zwei antagonistischen Klassen. Aber auch dieses Modell kam in die Kritik, u.a. deshalb, weil man hiermit weder zuverlässige Wahl- oder Konsumprognosen machen konnte. Man entdeckte daher das bereits in den 1930er Jahren formulierte Lebensstilkonzept (Th. Geiger) wieder: Menschen werden zwar auch durch ihre ökonomische Ressourcen bestimmt. Eine große Rolle im Hinblick auf ihren gesellschaftlichen Ort spielen jedoch ihre kulturellen Präferenzen. Pierre Bourdieu hat auf dieser Grundlage und auf der Basis umfangreicher empirischer Studien ein neues Gesellschaftsmodell entworfen. Großen Einfluss hat heute das so genannte „Sinus-Modell" (Abb. 7)

Abbildung 7: Das Sinus-Modell

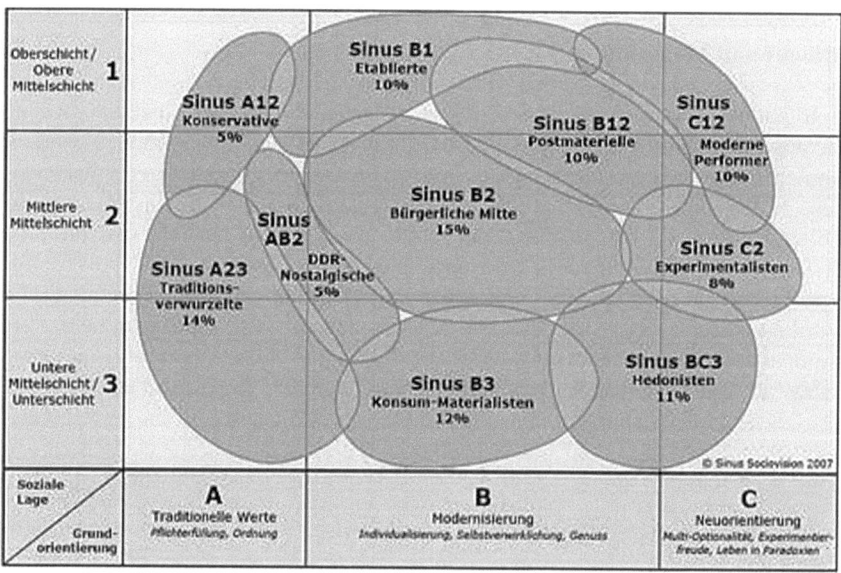

3 Die Beeinflussung der Vielen

Angehörige derselben Lebensstilgruppe oder desselben Milieus haben (u.a.) ähnliche Vorstellungen von Leben. Offensichtlich finden sich hier also mögliche Trägergruppen von Deutungsmuster bzw. Zielgruppen für die Vermittlung von Slogans und Leitformeln.

In jedem Fall ist es sinnvoll, bei der Analyse von Slogans und Leitformeln die Frage nach der Trägergruppe – etwa auf der Basis solcher Milieu-Modelle der Gesellschaft – zu stellen.

Wichtig ist nun der Hinweis, dass unsere Gesellschaft nicht statisch ist, sondern sich gerade im Hinblick auf Wertorientierungen ständig verändert. Insbesondere entwickeln heranwachsende Generationen andere Vorstellungen darüber, wie sie ihr Leben gestalten wollen. Die in unserem Kontext interessantesten Studien stammen von Albrecht Göschel, der in den 1990er Jahren festgestellt hat, dass sich im Zehnjahresabstand die Vorstellungen über Kultur und Kulturpolitik wesentlich ändern. Abb. 8 stellt dieses Ergebnis zusammen mit vergleichbaren anderen Generationsstudien zusammen.

Im Hinblick auf Slogans und Leitformeln wird man daher damit rechnen müssen, dass ihre Lebensdauer begrenzt ist, weil ihre ursprüngliche Trägergruppe allmählich verschwindet. Bei der Analyse von Slogans und Leitformeln ergibt sich hieraus die Frage, wer sie wann unterstützt hat.

Ein weiterer sozial- bzw. kulturwissenschaftlicher Zugang ergibt sich daraus, dass Slogans und Leitformeln eingebettet sind in kulturelle Kontexte. „Zeitgeist" ist zwar ein ausgesprochen ungenauer, für unsere Zwecke jedoch suggestiver Begriff. Man kann auch – etwas exakter – von Mentalitäten sprechen. „Mentalität" wird i. S. von Denk- und Verhaltensmustern zwar auch gelegentlich in Bezug auf den Einzelnen verwendet, sollte jedoch sinnvollerweise besser in Bezug auf Gruppen und Kollektive verwendet werden: „Historische Mentalität", so der Mentalitätshistoriker P. Dinzelbacher (1993), „ist das Ensemble der Krisen und Inhalte des Denkens und Empfindens, das für ein bestimmtes Kollektiv in einer bestimmten Zeit prägend ist. Mentalität manifestiert sich in Handlungen."

Elemente einer gesellschaftlichen Mentalität sind (oft) historisch gewachsen. Es gibt – gerade in Deutschland – hierzu einige interessante Studien. Anschlussmöglichkeiten für die Analyse der Wirksamkeit von Slogans und Leitformeln gegeben sind zeigt etwa das neue Buch über die „Mythen der Deutschen" von Herfried Münkler (2009) auf.

Abbildung 8: Kultureller Wandel

betrachtete Zeit	politik-einflussreicher Geburtsjahrgang	Charakterisierung der Zeit (Schulze)	Sozialstrukturanalyse	Motive der Kulturpolitik (Schulze)	Kunst- und Kulturbegriff (Göschel)	Trägergruppe	kulturpolitische Handlungsrationalität
50er Jahre	1900/1910	Restauration der Industriegesellschaft	Schichtenmodell nivellierte Mittelstandsgesellschaft (Schelsky)	Hochkulturmotiv	Wertekonzept (kontemplative Kunstreligion)	traditionelles Bildungsbürgertum	Bewahren der Tradition Hochkultur Verteilungsgerechtigkeit
60er Jahre	1930	Kulturkonflikt	formierte Gesellschaft (Erhardt)	Demokratisierungsmotiv	Arbeits- und Aufklärungskonzept (rationalanalytisch)	„Flakhelfergeneration" kritische Intelligenz	Emanzipation Distinktion durch Kunst
70er Jahre	1940	Erlebnisgesellschaft	Klassengesellschaft	Soziokulturmotiv	Lebensweltkonzept: - Gefühl - erw. Kulturbegriff	Humandienstleister	
80er Jahre	1950			Erlebnismotiv			betriebswirtschaftliches Paradigma NSTM
90er Jahre	1960		Lebensstile und Milieus		Ästhetisierungskonzept	neue Dienstleister	

Politische Mythen als Teil der Mentalität

Nachdem man bereits die Entwicklung der griechischen Philosophie als Weg „vom Mythos zum Logos" (W. Nestle) gekennzeichnet hatte und Max Webers berühmte Diagnose der Moderne als sich durchsetzende Entzauberung der Welt seit 100 Jahren weitgehend akzeptiert wird, legt der Berliner Politikwissenschaftler Herfried Münkler nunmehr ein dickes Buch vor, das sich mit den „Mythen der Deutschen" (2009) befasst. Das Buch gewinnt Preise und Auszeichnungen – und es verkauft sich sehr gut. Zahlreiche Fernsehauftritte des Autors, Thementeile von Fachzeitschriften – etwa die April-Ausgabe (2009) von „Theater heute" –, oder zahlreiche Rezensionen signalisieren Relevanz. Wie das? Dies vielleicht vorab: Die Medienresonanz ist dieses Mal hochverdient. Wer das Buch liest, hat etliche unterhaltsame und lehrreiche Stunden, findet sich voller Neugier in komplexen historischen Zusammenhängen wieder, die ihm in dieser Detailliertheit vermutlich nicht vertraut sind, und kann an zahlreichen Beispielen die Wirksamkeit von Mythen bei der Politikgestaltung nachvollziehen. Doch was sind Mythen? Mythen sind Erzählungen, die sich auf reale oder erfundene Gegebenheiten beziehen und die einen Beitrag zur Sinnstiftung, zur Stabilisierung von Identitäten oder zur Legitimation politischer Ziele und Handlungen dienen. Mythen werden fortlaufend verändert, sie stehen im Mittelpunkt von Auseinandersetzungen um das Deutungsrecht. Man investiert z. T. viel Geld und Energie. Wir-

3 Die Beeinflussung der Vielen

kungsvoll sind sie, wenn sie gleich in drei sinnlich-ästhetischen Darstellungsformen präsentiert werden können: ikonisch, als Ritual und als Erzählung.

Münkler stellt 18 Mythenkomplexe vor, die er auf fünf Kapitel aufteilt: Von Barbarossa bis zur Zerstörung Dresdens im Zweiten Weltkrieg, von den Nibelungen bis zu Dr. Faust. Schwerpunkt ist das 19. Jahrhundert, bei dem die Nutzung von Mythen bei der Bildung des Nationalstaates eine wichtige Rolle spielte. Und immer wieder kommt er auf den Nationalsozialismus zu sprechen, da die führenden Politiker (und ihre Gegner) nicht bloß bewusst politische Mythen für ihre Zwecke genutzt haben, sondern – wie Hitler selbst – geradezu in der Welt der Mythen gelebt haben. Mit den Nazis sind dann aber auch die traditionellen deutschen Mythen gründlich diskreditiert, zumal schon Ernst Cassirer in seinem letzten Buch (Der Mythus des Staates) im Jahre 1944 den Nationalsozialismus als unselige Allianz zwischen vormodernen (Blut- und Boden-)Mythen und modernster Technik beschrieben hat. So diagnostiziert Münkler für die Zeit nach dem Zweiten Weltkrieg im Osten und Westen Deutschland einen Mangel an Mythen: Für den Westen ist es bestenfalls die Erzählung von Währungsreform und Wirtschaftswunder, für den Osten ist es die Entwicklungslinie von der frühbürgerlichen Revolution bis zum kommunistischen antifaschistischen Widerstand. Dass damit die Zeit der Mythen nicht vorüber ist, beschreibt wirksam Münkler bereits im Vorwort: Wenn er den Misserfolg der Zusammenlegung von Daimler-Benz und Chrysler darauf zurückführt, dass Schrempp damit leichtfertig den Mythos des Sterns aufs Spiel gesetzt hat.

Was hat all dies mit Kulturpolitik zu tun? Zum ersten: Es sind sinnlich-ästhetische Darstellungsformen, die für die Verbreitung erfolgreicher Mythen sorgen. Es sind vor allem Dichter, Maler und Komponisten und ihre Werke – von Heine bis Wagner, von Denkmälern bis zu den Staatssymbolen –, die für die publikumswirksame Verbreitung sorgen. Damit spielt die „Kulturpolitik" selbst zu Zeiten, als dieser Begriff noch nicht verbreitet war, eine entscheidende Rolle. Zählt man zur erweiterten Kulturpolitik zudem das Bildungswesen hinzu, dann wird man die Schule als zentralen Ort der Mythen-Vermittlung in den Blick nehmen müssen. Damit wird auch verständlich, warum es heute Schwierigkeiten mit den früheren Mythen gibt. Denn es ist nicht bloß die Diskreditierung durch die Nazis: Es ist auch die verbreitete Unkenntnis über Barbarossa, Canossa und Königin Luise. Die offiziellen Feiern runder Geburtstage – zur Zeit etwa Armin und die Römer – reichen offensichtlich nicht aus, um anschlussfähiges Wissen für die politischen Diskurse zu vermitteln. In kulturpolitischer Hinsicht ist die Wirkungsweise von Mythen aufschlussreich: Sie appellieren an die Emotionalität, durchaus auch an Ressentiments und Vorurteile, zielen also auf die Gestaltung der Mentalitäten der Menschen. Sie bieten Ordnungsvorstellungen, Deutungsmuster und Bewertungen an, wobei die Komplexität der Realität notwendigerweise reduziert wird. Mythen sind also Sinnstiftungsangebote, die durchaus Formen kultureller Vergemeinschaftung darstellen. Mythen bieten daher oft die Grundlage für Leitformeln oder Slogans. Die lange Zeit erfolgreiche Arbeit am Mythos als Teil einer interessenorientierten Kulturpolitik legt nahe, Kulturpolitik (auch) als Mentalitätspolitik zu verstehen.

Können wir heute auf Mythen verzichten? Der Erfolg von Münklers Buch verneint eindeutig diese Frage, trotz Webers Diagnose. Helmut Plessner erkannte in seiner Analyse dafür, dass Deutschland eine „Verspätete Nation" sei, den Bedarf an (bestimmten) historischen Legitimationen, und diese wurden vor allem durch mythische Bezüge auf Blut und Boden, auf Reich und Germanen geleistet. Doch wieso hatte dann das grandiose Projekt „Deutsche Erinnerungsorte" (Hg. von E. François und H. Schulze 2001) nicht diesen Erfolg, obwohl dort einsichtig gleich 150 mythenfähige Narrationen vorgestellt wurden, zu denen auch alle von Münkler beschriebenen Mythen gehören? Vielleicht ist die aktuelle Situation besonders günstig für große Erzählungen. Denn wenn in bislang unvorstellbarer Weise Geld verbrannt, Lebensperspektiven zerstört und Betriebe in den Ruin getrieben werden, wird der Bedarf an hoffnungspendenden Zukunftsversprechen groß, auch wenn es sich um solche aus der Vergangenheit handelt.

Ein weiterer Hinweis gilt dem gesellschaftlichen Bereich, dem der Slogan zugeordnet ist. Nützlich ist hierbei das von dem amerikanischen Soziologen Talcott Parsons als Ergebnis seiner Lektüre der soziologischen Klassiker des späten 19. Jahrhunderts (Weber, Tönnies, Durkheim etc.) entwickelte Vierfelderschema der Gesellschaft, das die Subsysteme Wirtschaft, Politik, Soziales und Kultur unterscheidet. Wichtig ist, dass jedes dieser Subsysteme ein eigenes Kommunikationsmittel hat, nämlich Geld, Macht, Solidarität und Sinn (Abb. 9)

3 Die Beeinflussung der Vielen 39

Abbildung 9: Ein systemtheoretischer Zugang zur Gesellschaft

Politik (Macht)	Wirtschaft (Geld)
Soziales (Solidarität)	Kultur (Sinn)

Man könnte nun meinen, dass in der Kulturpolitik die Zuordnung der Slogans nur aus dem Kultursektor stammen kann. Abb. 10 gibt einen Überblick über gängige Legitimationsformeln aus den letzten 20 Jahren. Man erkennt leicht, dass sich im Gegenteil dazu die meisten Slogans auf das Subsystem Wirtschaft beziehen. In der Tat lässt sich hieran Mehrfaches erkennen: Einmal zeigt sich an der Verwendung eines spezifischen Slogans, welches die dominierende Denkweise zu dieser Zeit war. Dass man über viele Jahre – beginnend Mitte der 1980er Jahre – Kultur ökonomisch begründet hat, ist durchaus aufschlussreich. Zum anderen kann man leicht erkennen, dass es einen Wandel in den Slogans gibt, den man in Verbindung zu dem kulturellen Wandel (siehe Abb. 8) und mit dem Einfluss bestimmter Milieus (Abb. 7) bringen kann.

Abbildung 10: Leistungen der Kultur

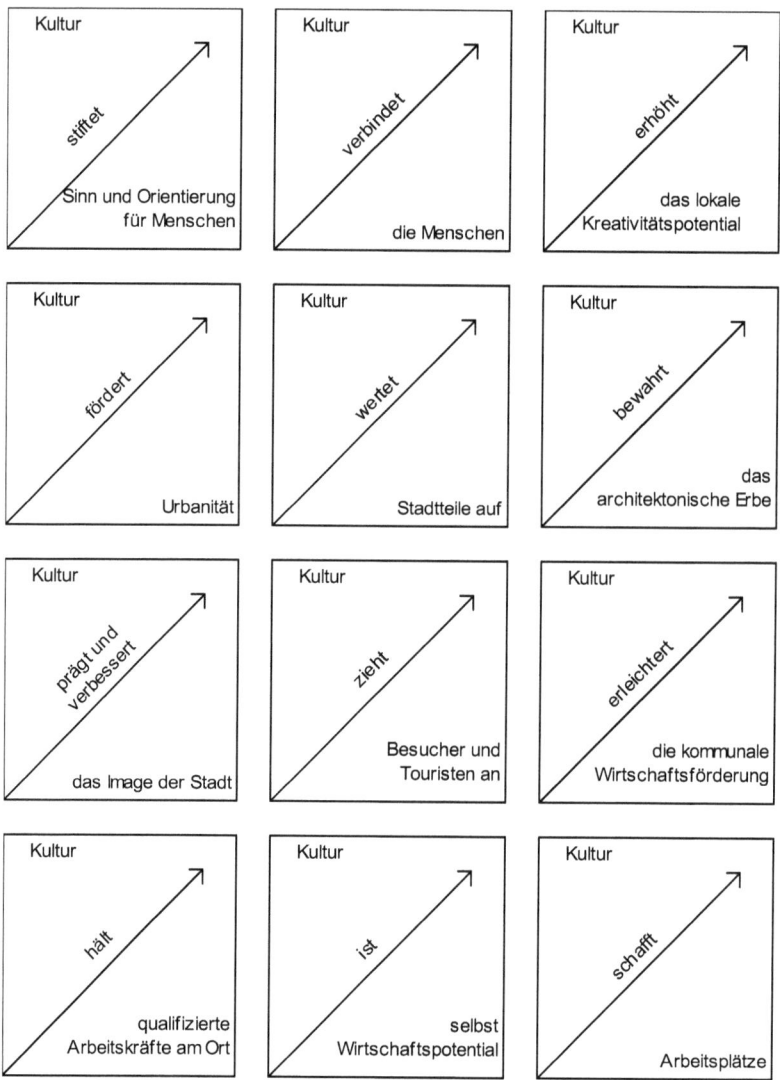

Quelle: Ebert/Gnad/Kunzmann 1992

3 Die Beeinflussung der Vielen

Slogans und Leitformeln in Politik und Wirtschaft

Der Wunsch, andere von der Richtigkeit der eigenen Meinung zu überzeugen, dürfte so alt sein wie die Menschheit selbst. Mit der Rhetorik, der Kunst der Rede, wurde sogar ein hochrespektiertes Teilgebiet der Philosophie etabliert, das bis zur Neuzeit im Kanon der sieben freien Künste an den Universitäten gelehrt wurde. Heute assoziiert man – trotz des hochangesehenen Professors für Rhetorik Walter Jens – oft damit nicht bloß argumentative Überzeugung, sondern eher negativ Überredung, Agitation und Propaganda. In jedem Fall gehört zur Politik die Reflexion der Sprache dazu. Für viele ist Politik sogar nichts anderes als ein bestimmtes Sprachhandeln. Immerhin gibt es heute Lehrbücher über „Verbotene Rhetorik" (Beck 2005), in der systematisch und alphabetisch angeordnet unmoralische Argumentationstechniken vorgestellt werden: Von „Aberglauben-Technik" über „Gerüchte-Technik" bis zur „Vernichtungs-Technik". Rhetorik im politischen Gebrauch hat es also mit Moral zu tun, was nicht weiter überrascht, da diese etwas mit richtigem und falschem Handeln zu tun hat (zu dem man jemanden überreden will). Rhetorik konstituiert die politische Welt, so der Untertitel des Buches „Macht und Meinung" (Ptassek u.a. 1992), das in einer Theorie der öffentlichen Meinung (und ihrer Beeinflussbarkeit) mündet. Auch dies also ein Bestimmungsmerkmal, das für uns relevant ist.

Leitformeln und Slogans können als rhetorische Elemente zur Beeinflussung der öffentlichen Meinung betrachtet werden.

Damit ist ein weiterer relevanter Begriff, die Öffentlichkeit, ins Spiel gebracht, die man – gerade in einer Demokratie – zumindest mehrheitlich auf seine Seite bringen will. Aber auch Diktatoren brauchen Rückhalt in der Bevölkerung. Dann spricht man eher von Propaganda und richtet sogar eigene Ministerien dafür ein (die Rede ist natürlich von Göbbels). Doch gibt es diese auch anderswo. So heißt es im Klappentext eines entsprechenden Lehrbuches:

> „Propaganda ist eines der zentralen Instrumente politischen Handelns in der Moderne. ‚Ohne Propaganda kann gar nichts verbreitet werden, keine Philosophie und keine Seife ...' schrieb einst der Schriftsteller Erich Kästner. Trotzdem sind Propaganda und verwandte Kommunikationsformen wie Public Relations ... nach wie vor nicht hinreichend erforscht." (Bussemer 2005).

„Öffentlichkeit" wird geschaffen von uns allen. Doch gibt es inzwischen eine komplexe gut ausgebaute Industrie, deren Wirkungsfeld die Öffentlichkeit ist. Es gibt spezifische Professionen, die diese Öffentlichkeit bearbeiten: Journalisten, Werbefachleute, Öffentlichkeitsarbeiter. Heute werden all diese Tätigkeiten unter dem Begriff (in unserem Kontext) der „Politischen Kommunikation" zusammengefasst, eine inzwischen anerkannte sozialwissenschaftliche Disziplin im

Überschneidungsbereich von Medien- und Politikwissenschaft (vgl. Jarren/Donges 2006). Politikanalyse ist stets auch Sprachanalyse, Politikkritik ist oft Sprachkritik. So schreibt der Moralist Erhard Eppler (1992) besorgt über „Tod der Sprache – Ende der Politik", über „Wortschwall ohne Ende", über „Semantik statt Politik". Sprachhandeln der Politiker wird so nicht nur unter moralischer Perspektive untersucht („Ich gebe mein Ehrenwort", Heringer 1990), sondern es wird kritisch vermerkt, dass Sprachhandeln oft genug reales Handeln ersetzt. Politik braucht Symbole, doch ist „symbolische Politik" nur noch scheinbar politisches Handeln, sondern vielmehr eine Form von Täuschung. Wie viel davon hingenommen wird, welche Regeln und Normen die Politik eines Landes bestimmen: all dies wird heute unter dem Begriff der „Politischen Kultur" diskutiert.

In unserer Perspektive bedeutet dies u.a.:
Leitformeln und Slogans können unwahrhaftig sein, sie können lügen und manipulieren. Sie haben jedenfalls eine moralische Dimension.
Leitformeln und Slogans sind zudem Kernelement einer jeglichen politischen Kommunikation.
Speziell für die Kulturpolitik und die kulturpolitische Kommunikation habe ich versucht, das betreffende Feld (durchaus im Sinne von P. Bourdieu) zu erfassen (Abb. 11)

3 Die Beeinflussung der Vielen 43

Abbildung 11: Mittelbare und unmittelbare Einflussmöglichkeiten der Künste und Medien – ein Wirkungsmodell

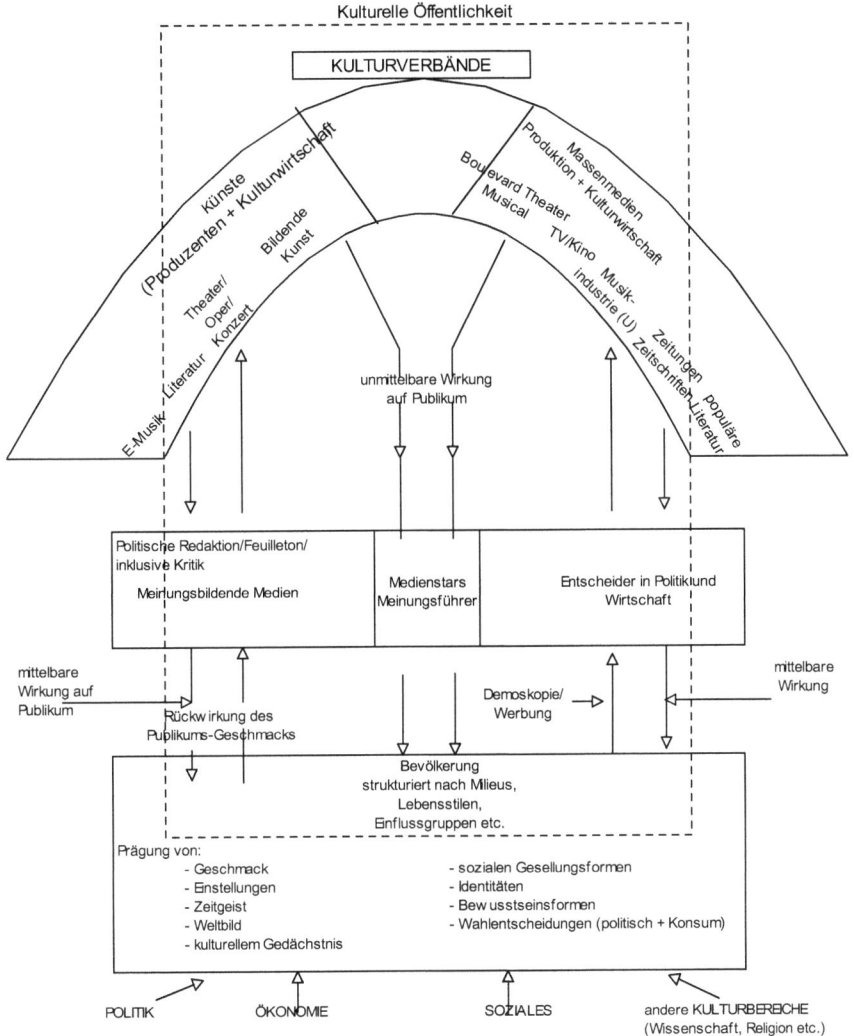

Slogans und Leitformeln in der Ökonomie

Es gibt offensichtlich verschiedene Bereiche, in denen Slogans und Leitformeln eine Rolle spielen können: Überall dort, wo man Menschen überzeugen will, wird man den Rückgriff auf solche sprachliche Formen finden. Die öffentliche Rede in der Politik ist der klassische Fall. Aber auch das Plädoyer vor Gericht ist ein rhetorisches Ereignis. Immer noch gibt es Promotionsordnungen, die eine Disputation und Verteidigung der Dissertation vorsehen. Ein zentrales Anwendungsfeld ist jedoch heute die Werbung und – etwas weiter – die Öffentlichkeitsarbeit. Jede Institution und Organisation muss heute mit der Öffentlichkeit kommunizieren. Das gilt selbst für solche Einrichtungen, die gar nicht verkaufen wollen, sondern die nur um das Image der Einrichtung besorgt sind. Öffentlichkeitsarbeit, der Umgang mit den Medien, die Beeinflussung der Meinung anderer ist inzwischen ein professionalisiertes Berufsfeld geworden. Immer wieder entwickeln sich nicht nur neue Kommunikationsformen (aktuell etwa Twitter, was angeblich eine große Rolle bei der letzten Präsidentenwahl in den USA gespielt hat), sondern auch neue Berufsbilder. So gibt es inzwischen – ebenfalls zuerst in den USA – Menschen, deren Aufgabe es ist, für die öffentliche Kommunikation einen richtigen Dreh („Spin") zu finden, der eine Entscheidung schmackhaft machen kann (so genannte „Spin-Doktoren"). Es werden bei der Suche nach der richtigen sprachlichen Form, der treffenden Assoziation, der geeigneten Metapher tieferliegende Dispositionen angesprochen. Denn der Slogan oder die Leitformel soll nicht nur in ihrer Relevanz bei der Erfassung der Realität unmittelbar einleuchten, sie muss auch das Sprachempfinden ansprechen und sich auf der Ebene von anerkannten Geschmacksstandards bewegen. „Kinder statt Inder" ist ein Beispiel dafür, dass man bei Slogans auch daneben greifen kann. Denn political correctness ist zwar als eine Form übertriebener Sprachkontrolle ins Gerede gekommen. Doch die Diskriminierung oder Abwertung ganzer Bevölkerungsgruppen ist schon sehr nahe an Bestimmungsmomenten dessen dran, was Rassismus ausmacht.

Das Spiel mit dem Geschmack ist also ausgesprochen sensibel. Es gibt durchaus die Möglichkeit, „Trash" einen Kultstatus zu verleihen – dies findet man oft im Musikgeschäft oder in den Medien (z. B. die frühere US-Serie „Eine schrecklich nette Familie"). Doch kann dies auch leicht schief gehen (Illing 2006). Trotz der heutigen Allgegenwart einer professionellen Öffentlichkeitsarbeit ist der Bereich des Geschäftemachens, ist die Wirtschaft und hierbei das Marketing immer noch das vermutlich wichtigste Anwendungsfeld eines Umgangs mit Leitformeln oder Slogans. Ich greife hier auf einen kurzen Text des Hamburger Unternehmensberaters Henning Meyer (2009) zurück. Dieser formuliert drei Kriterien für erfolgreiche Slogans:

3 Die Beeinflussung der Vielen

„Erstens muss die Markenanbindung hervorragend sein, das heißt es sollte eine zwingende Kopplung von Slogan und beworbener Marke geben. Der Konsument soll nicht den Slogan lernen und zusätzlich lernen müssen, für welche Marke er steht – sondern der Slogan sollte die Assoziation der korrekten Marke mitliefern. Dies kann direkt geschehen, indem der Markenname zu einem untrennbaren syntaktischen Element des Slogans gemacht wird, oder indirekt durch Einsatz eines eindeutigen Kennzeichens der Marke (z.B. ‚Mit dem Zweiten sieht man besser', ‚Quadratisch. Praktisch. Gut.').

Zweitens muss es einen Leistungsbezug geben. Ein Slogan ist nicht irgendein Satz. Er sollte über die besonderen Leistungen der Marke sprechen oder darüber, was diese Leistungen für den Kunden bedeuten. Schließlich geht es darum, Begeisterung für die Produkte zu erzeugen – denn die Produkte sollen verkauft werden und nicht die Werbung.

Drittens muss die formale und stilistische Umsetzung von höchster Qualität sein. Rhythmus, Reime und rhetorische Finessen sind gefragt, gegebenenfalls verstärkt durch eine Melodie. Dazu eine einprägsame Sprache, suggestive Bilder und womöglich Wortschöpfungen, die dafür sorgen, dass sich der Slogan in den Köpfen festsetzt."
(www.foerderland.de/fachbeitraege/beitrag/was-einen-guten-slogan-auszeichnet; letzter Zugriff 17.01.2010)

4 Die individuelle Seite: Bildung, Erziehung, Habitusentwicklung und Mentalitäten

Die Wirksamkeit von Slogans und Leitformeln bei dem Einzelnen hängt davon ab, ob die individuelle Überzeugung, der Geschmack, die Neugier angesprochen werden. Eine solche Wirksamkeit muss zwar je individuell hervorgerufen werden (einschließlich der Situation einer Massenhysterie bei Popstars oder bei politischen Demagogen), ist jedoch eingebettet in kulturelle Kontexte. Die individuell vorliegenden Dispositionen (z.b. ästhetische und moralische Werte oder Stilempfinden) liegen in der Persönlichkeit und haben sich über Jahre hinweg entwickelt. Was liegt also näher, als zu versuchen, gute Voraussetzungen für die Akzeptanz bei dem Individuum zu schaffen. Damit ist man in dem Bereich der Bildung, Erziehung und Sozialisation angelangt. Wie relevant dieses Feld ist, mag man daran erkennen, wie sehr der jeweilige Staat versucht, über das Bildungs- und Erziehungssystem seine jeweiligen wertemäßigen Grundlagen zu vermitteln. Das gilt für Diktaturen, es gilt aber auch für Demokratien.

Neben der unmittelbaren pädagogischen Einwirkung (diese nennt man „intentionale Erziehung") dürfte die größte pädagogische Wirksamkeit – man spricht von 80% der gesamten Kompetenzen des Einzelnen – informell und en passant einfach dadurch erworben werden, dass man in entsprechend „imprägnierten" Kontexten agiert. Trotzdem werden erhebliche Anstrengungen unternommen, bestimmte weltanschauliche Überzeugungen – etwa die Grundidee der „Sozialen Marktwirtschaft" – im regulären Schulunterricht unterzubringen. Ähnliches gilt für christliche Werte. Wie muss man sich die Wirkmechanismen des kulturellen Kontextes auf den Einzelnen vorstellen? Ich will dies knapp anhand einiger Abbildungen erläutern.

Ziel des Bildungs- und Erziehungsprozesses ist die Entwicklung einer handlungsfähigen Persönlichkeit. „Handlungsfähig" meint dabei: bewusst in den oben vorgestellten vier Subsystemen (Abb. 9) zu agieren. Zusätzlich legt man Wert darauf, dass – spätestens seit Humboldt – der Einzelne mit seinen Fähigkeiten optimal gefördert wird (Abb. 12).

Abbildung 12: Das Subjekt und die Gesellschaft

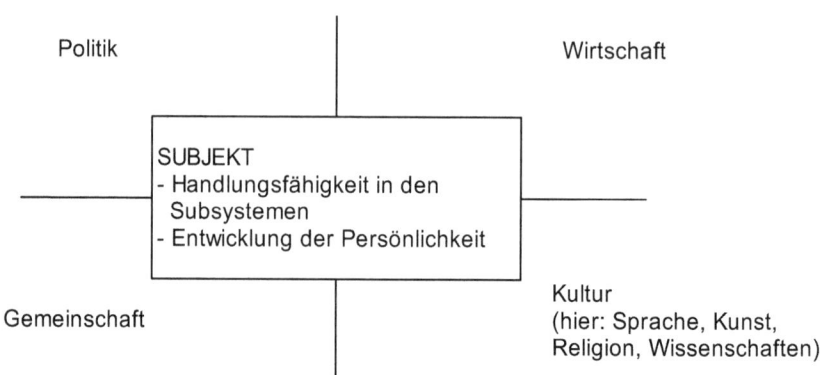

Man kann im Hinblick auf die subsystemspezifische Handlungsfähigkeit ökonomische, politische, soziale und kulturelle Bildung unterscheiden. Alle diese Bildungsformen werden sowohl in Bildungseinrichtungen, aber eben auch im Alltag vermittelt.

Die Habitustheorie von Bourdieu, die den individuellen Habitus als Pendant auf der Seite des Einzelnen zu dem jeweiligen gesellschaftlichen Feld in Beziehung setzt, macht eine weitere Ausdifferenzierung möglich (Abb. 13).

Im Hinblick auf Kinder und Jugendliche kann man als wichtige Agenturen einer gezielten Habituskonstruktion die Jugendarbeit und die Schule zusammen mit den jeweiligen politischen Institutionen unterscheiden.

Die wachsende Komplexität der Abbildungen zeigt dabei, wie viel gesellschaftlicher Aufwand heute betrieben wird, um die heranwachsende Generation für die Aufrechterhaltung des Systems zu gewinnen. Man kann durchaus von einer gesellschaftlichen (pädagogischen und politischen) Umzingelung sprechen. Es liegt dabei durchaus nahe, die Machttheorie von Foucault auch in diesem Feld der Erziehung und Sozialisation anzuwenden, um die Mechanismen der Macht, die hier zweifellos ausgeübt wird, zu begreifen (für die Schule vgl. etwa Holzkamp 1993). Im Hinblick auf unser Thema, der Wirkungsweise von Leitformeln und Slogans, ist es vielleicht ergiebig, einige der bisher entwickelten Befunde in einer Art strukturierter Mind-Map zusammen zu bringen (Abb. 14; vgl. insgesamt Braun/Fuchs/Kelb 2010).

4 Die individuelle Seite

Abbildung 13: Die Vermittlung von Subjekt und Gesellschaft

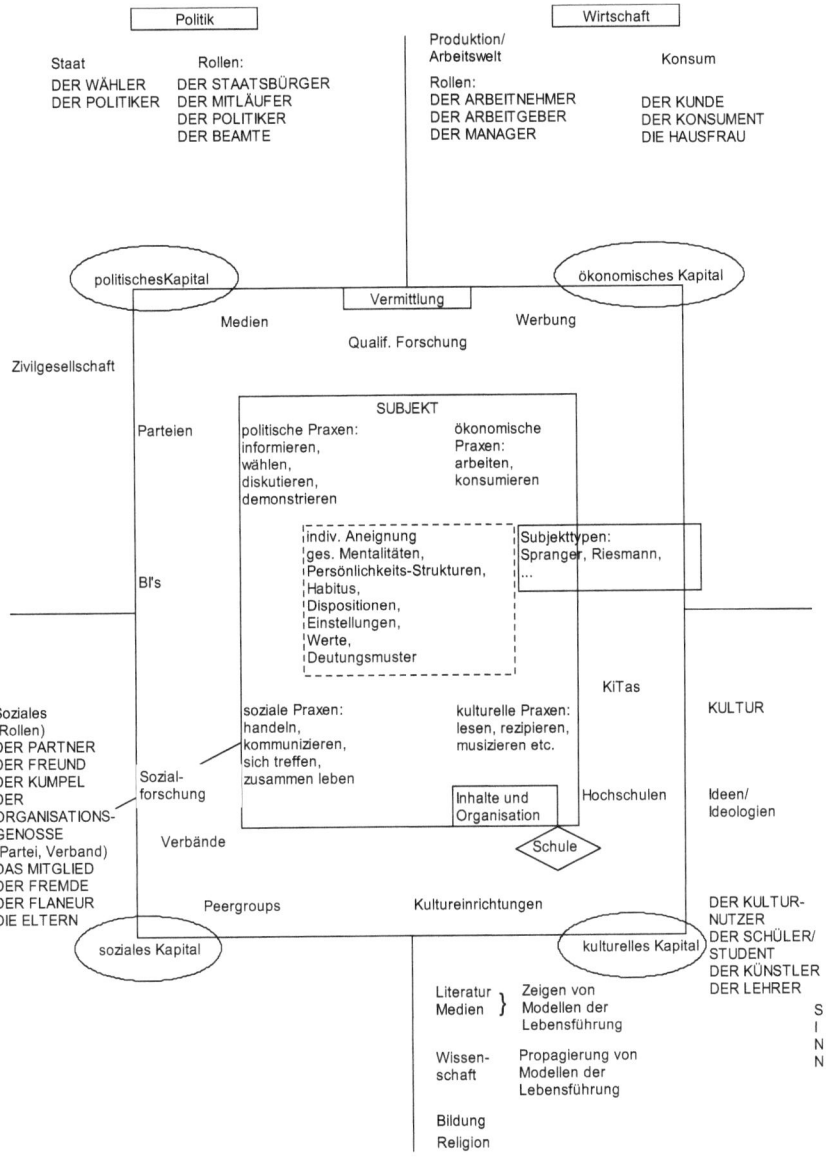

50 4 Die individuelle Seite

Abbildung 14: Funktionen von Leitformeln in Subsystemen

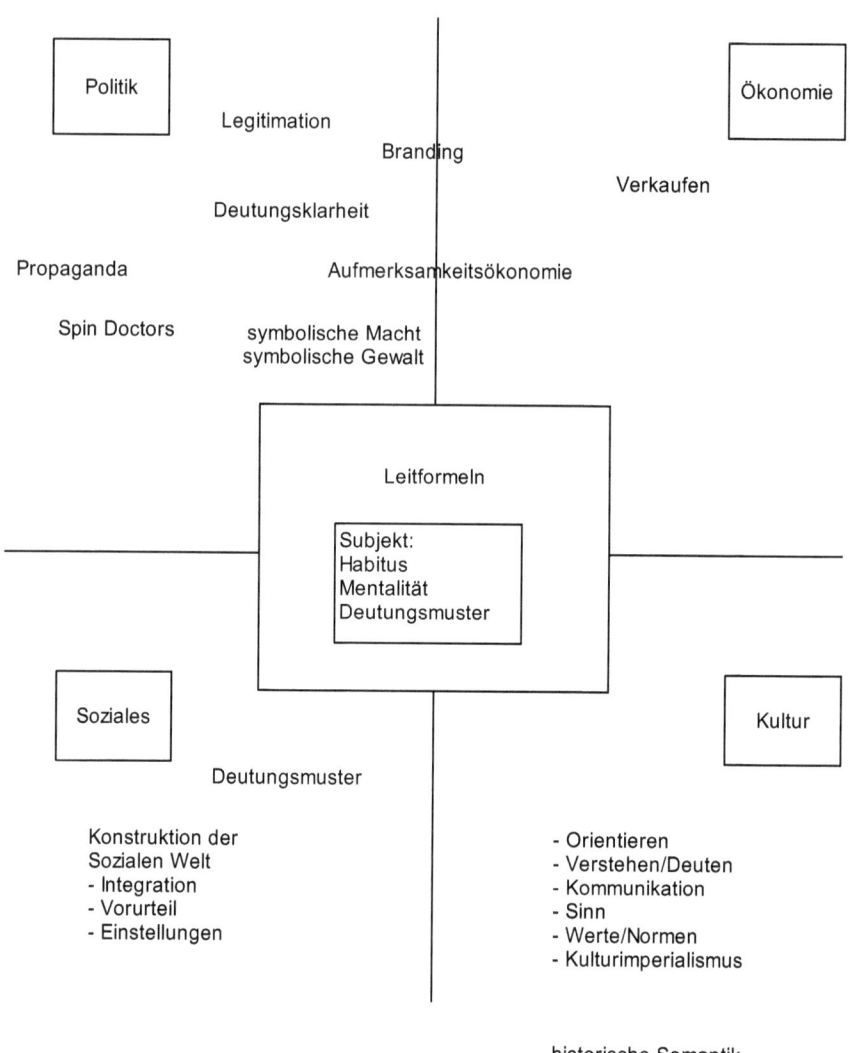

4 Die individuelle Seite

Ein weiterer interessanter Aspekt bei dem Versuch, die Attraktivität bestimmter Leitformeln zu analysieren, ist ein personenbezogener biographischer Ansatz. Hierzu wäre es nötig, vorhandene Weltanschauungen mit den spezifischen Sozialisationserfahrungen in Einklang zu bringen. Solche Untersuchungen gibt es m. W. noch nicht. Um zu verdeutlichen, welcher Erkenntnisgewinn hieraus gezogen werden könnte, will ich die (zu untersuchende) Hypothese erwähnen, dass eine starke Affinität der in der letzten Zeit in einigen Diskursen hochgepuschte Begriff des Kulturstaats sehr passfähig ist zu der Tradition des Kulturprotestantismus. Und in der Tat lassen sich bei vielen der Protagonisten des Kulturstaatsbegriffs spezifische protestantische Sozialisationserfahrungen feststellen (vgl. Kap. 7).

5 Der systematische Ertrag:

Zur Anwendung des Werkzeugkastens auf die Kulturpolitik

Wir können nunmehr versuchen, die im vorliegenden Werkzeugkasten vorgestellten Zugangsmöglichkeiten bzw. Hintergrundtheorien auf die Kulturpolitik und das Kulturmanagement anzuwenden.

1. Leitformeln und Slogans sind Deutungsmuster
Leitformeln und Slogans als Deutungsmuster strukturieren die individuelle und kollektive Wahrnehmung der Welt und legen bestimmte, damit kompatible Handlungen nahe. Natürlich ist hierbei kein Automatismus oder Determinismus zu unterstellen. Denn die individuelle Entscheidungsfreiheit wird nicht ausgehebelt. So ist es dem Menschen natürlich möglich, Bewusstheit auch über die Art und Weise seines Weltzugangs herzustellen. Dies ist sogar ein wesentliches Bestimmungsmoment des Bildungsbegriffs. Doch verläuft der größte Teil unserer Handlungen aufgrund habitualisierter Strategien. Denn wie sagt man: Wenn man beginnt, sich das Gehen bewusst zu machen, fängt man sofort an zu stolpern.
    Deutungsmuster werden in langwierigen Prozessen der Bildung und Erziehung erworben. In Abb. 15 versuche ich, diese Einflüsse (und die dazu gehörigen Disziplinen) zu ordnen.

2. Leitformeln und Slogans sind Medien der Machtausübung
Deutungsmuster ermöglichen und strukturieren nicht nur die Welt-Wahrnehmung: Sie tun dies in einer werteorientierten Weise. Das heißt, es geht um die Entwicklung bestimmter Weltbilder. Es macht etwa einen Unterschied, ob ich unsere Gesellschaft durch die Brille des Klassenkampfes oder der Sozialen Marktwirtschaft betrachte. Das heißt, dass es um Fragen der Macht geht. Da das Medium hierbei die symbolische Form der Sprache ist und man subtil um Prozesse der Anerkennung und Legitimation des dahinter stehenden Welt- und Gesellschaftsbildes wirbt, sind die (Bourdieuschen) Kategorien des symbolischen Kapitals und der symbolischen Macht und Gewalt hilfreich.
    Die Frage nach Slogans und Leitformeln in der Kulturpolitik sind also eng verbunden mit Fragen der Macht.

Abbildung 15: Herkunft der (Akzeptanz von) kulturpolitischen Leitformeln

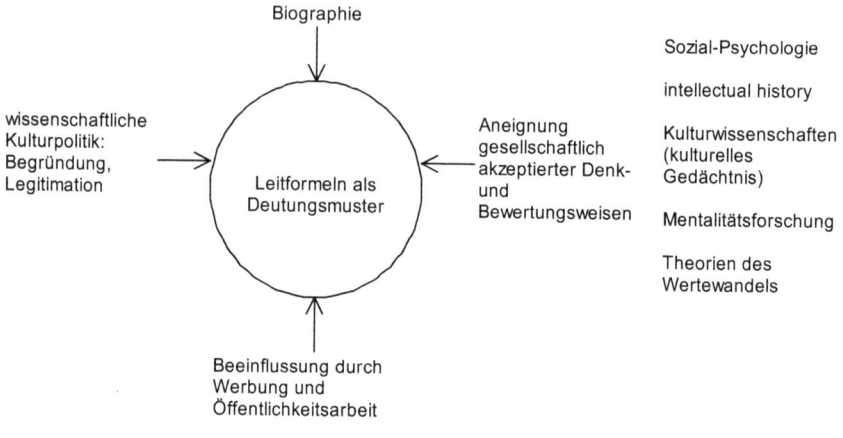

3. Leitbilder und Slogans haben und brauchen bestimmte Trägergruppen
In Hinblick auf die Akzeptanz von Slogans und Leitformeln – vor allem unter der Perspektive von Macht und Einfluss – ist es sinnvoll, sich mit den jeweiligen Trägergruppen zu befassen. So sehr jeder Erfinder oder Propagandist eines Slogans sich wünscht, alle überzeugen zu können, so wenig realistisch ist dies. Praktiker wussten dies schon immer. Eine geeignete theoretische Fundierung dieser Erkenntnis findet man in den Lebensstil- und Milieustudien von Bourdieu bis zu den Sinusstudien.

4. Leitformeln und Slogans unterliegen einem Wandel
Leitformeln und Slogans sind Teil der politischen Kultur eines Landes, sie sind Teil des gesellschaftlichen und kulturellen Wandels. Es verändert sich die Zusammensetzung der Bevölkerung, es verändert sich der Anteil an der Macht spezifischer Bevölkerungsgruppen, es verändert sich der kulturelle Kontext. Damit kann man sinnvoll nach der „Lebensgeschichte" traditioneller Leitformeln

5 Der systematische Ertrag: 55

(etwa von „Emanzipation") fragen. Man kann auch die Entstehung neuer erfolgreicher Leitformeln (etwa: Kultur als Wirtschaftsfaktor) mit der Verschiebung in der kulturellen Tektonik der Gesellschaft zu erklären versuchen (Abb. 8).

Eine Möglichkeit einer Theoretisierung eines solchen Wandels ist die genetische Theorie von Piaget, so wie man sie bereits in der Wissenschaftsgeschichte angewandt hat. Die Grundidee besteht darin, dass man zunächst mit den vorhandenen Kategorien versucht, weiterhin die sich verändernde Realität zu erfassen und zu strukturieren (Assimilation). Doch irgendwann ergeben sich so gravierende Widersprüche, dass man sich genötigt fühlt, sein Kategoriensystem zu transformieren (Akkumulation), sodass die neuen Phänomene besser erfasst werden. Inwieweit dieses Modell für unsere Problemstellung tauglich ist, müsste untersucht werden.

5. Zur Komplexität der kulturpolitischen Diskurse

Vermutlich ist es selbst in einem kleinen Land heute nicht mehr möglich, einen einzigen Diskurs als gültigen durchzusetzen. In jedem Fall ist es in einer so großen und ausdifferenzierten Gesellschaft wie der deutschen nicht möglich. Man muss vielmehr von einer großen Heterogenität des kulturpolitischen Feldes (auch ein Begriff von Pierre Bourdieu) ausgehen. Neben der Unterschiedlichkeit der zugrunde liegenden Werte- und Weltanschauungsentscheidungen der beteiligten Gruppen ergeben sich Unterschiede im kulturpolitischen Diskurs zunächst einmal aufgrund der verschiedenen Ebenen: Kulturpolitik auf lokaler Ebene hat andere Themen und Probleme als die der Länder, des Bundes, der Europäischen Union oder der Weltorganisation UNESCO. Ein weiteres Unterscheidungsmerkmal ist die konkrete Tätigkeit des kulturpolitischen Akteurs. Wir haben Menschen, die Einrichtungen leiten müssen. Wir haben Menschen, die über kulturpolitische Konzepte und vielleicht sogar Visionen für Verbände nachdenken. Wir haben Menschen, die versuchen, durch mühsame Kleinstarbeit und viele individuelle Kontakte einzelne Regelungen in relevanten Gesetzen durchzusetzen. Oft genug sind diese Aufgaben (kommunikatives Alltagsgeschäft: politics; Konzeptentwicklung: policy; Schaffung von Institutionen und Strukturen: polity) auch auf verschiedene Personengruppen verteilt, weil teilweise unterschiedliche Kompetenzen erforderlich sind. Denken wir z. B. an eine kommunale Kultureinrichtung. Will diese ihre Rechtsform ändern, sind weniger kulturpolitische Visionen, sondern handfeste kaufmännische und juristische Kenntnisse gefragt. In der Tat gibt es zu diesen Fragen einen spezialisierten Diskurs, den man kennen sollte. Dies ist in der Regel kaum die Aufgabe der Intendanten. Der Theaterleiter wiederum wird sich dagegen sehr stark darum bemühen müssen, seinem Kulturdezernenten und dann auch dem Stadtrat und der Stadtöffentlichkeit die Relevanz des Theaters als Kunstform in der Stadt überzeugend zu „verkaufen". Dies ist also eine Mischung von politics und policy. Ist diese Person noch zusätzlich aktiv in seinem zuständigen Dachverband, wird er sich mit Themen – etwa neuen gesetzlichen Regelungen – befassen müssen, die er auf kommunaler Ebene anwenden muss, aber kaum gestalten kann. Es ist nun sehr wahrscheinlich, dass in diesem skizzierten Szenario in den verschiedenen Teildiskursen ganz unterschiedliche Leitformeln gebraucht werden.

6. Das Zusammenspiel von individueller und gesellschaftlicher Seite
Die oben vorgestellten Überlegungen zur Konzeptionalisierung der Genese der individuellen Akzeptanz von Leitformeln und Slogans soll in einer weiteren Abbildung zusammengefasst werden (Abb. 16).

5 Der systematische Ertrag:

Abbildung 16: Einzelner und Gesellschaft

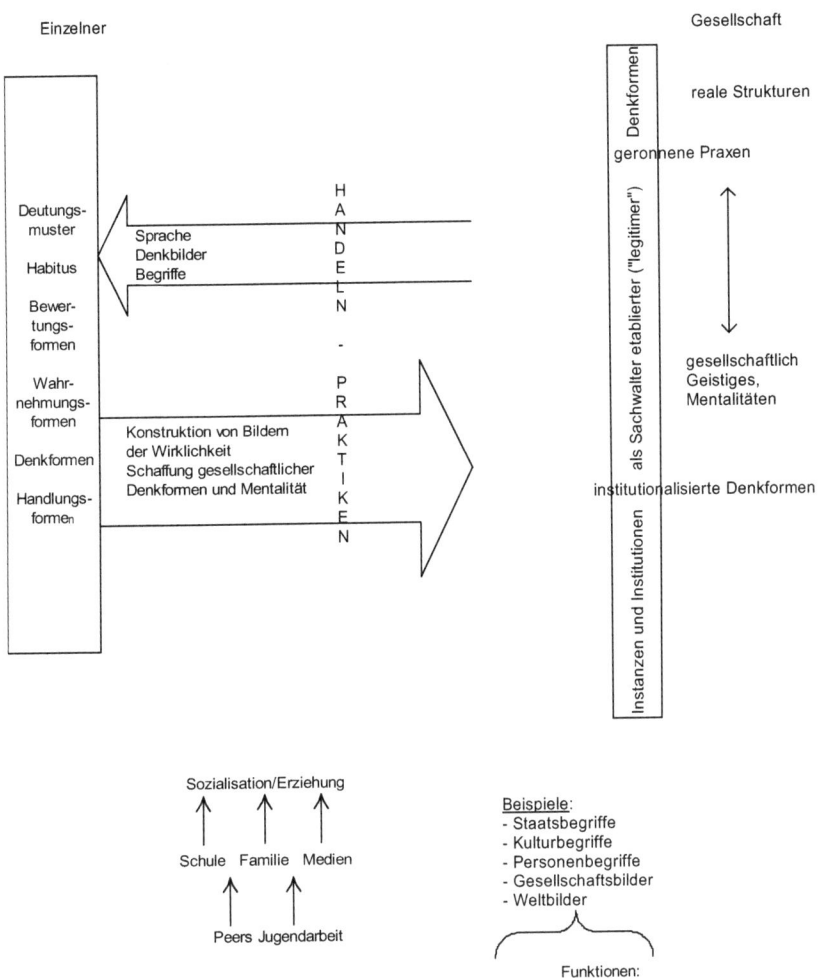

7. Funktionen von Slogans und Leitformeln – eine Zusammenfassung

Aufgrund der bisherigen Überlegungen lassen sich die folgenden Wirkungen aufzählen.
- Überzeugen
- Überreden/Agitieren
- Kommunizieren
- Themen setzen
- Sichtweisen prägen
- Welt erklären/Sinn stiften
- Integration herstellen
- Macht erringen/halten
- Orientieren
- andere Leitformeln bekämpfen
- Begriffe besetzen
- Aufmerksamkeit erringen
- große Gruppen („Masse") ansprechen
- Vorurteile bekämpfen/verstärken
- Appellieren
- Informieren
- vorhandene (erfolgreiche) Leitformeln für sich beanspruchen
- Deutungshoheit erringen/halten

Man kann die folgenden Fragen stellen:
- Wer wird angesprochen? (Adressaten)
- Was wird gewollt? (Ziel)
- Wogegen richtet sich die Leitformel? thematisch; Personengruppen; ideologisch
- In welchem der gesellschaftlichen Subsysteme ist die Leitformel anzusiedeln?
- Worauf baut Leitformel auf?
- Welches Bild von Gesellschaft und Politik wird unterstellt?
- Welches Menschenbild wird unterstellt?
- Wie wird argumentiert? (verdeckt; Appell an niedrige Instinkte/Vorurteile; Bezug auf Autoritäten; offen etc.)
- Was ist die Reichweite der Leitformel? (übergreifend oder sektorenspezifisch; national/international, zeitlich; milieuspezifisch etc.)
- Welche der Funktionen/Wirkungen wird beabsichtigt? Welche war erfolgreich?

5 Der systematische Ertrag:

All dies lässt sich in eine zusammenfassende Abbildung – quasi als systematisches Frageraster – integrieren (Abb. 17).

Der Weg von Leitformeln und Slogans zu einer Theorie der Kulturpolitik ist also nicht weit. Um hierfür noch einen weiteren Hinweis zu geben, überlege man sich einmal, auf welche Weise man Kulturpolitik denken kann. Ohne Anspruch auf Vollständigkeit habe ich einige Verständnisweisen von Kulturpolitik zusammengestellt. Die Aufzählung ist unvollständig. Man überlege sich einmal, welche weiteren Möglichkeiten zum Verständnis von Kulturpolitik es noch gibt, ob es für jede Verständnisweise eine Leitformel oder einen typischen Slogan gibt, was die zentrale Zielstellung ist und wo Trägergruppen für das spezifische Verständnis von Kulturpolitik zu finden sind. Abb. 18 stellt einige Verständnisweisen von Kulturpolitik zusammen und eröffnet die Möglichkeit, diese nach bestimmten Kriterien zu untersuchen. Zur Übung könnte man die Abbildung vervollständigen.

Abbildung 17: Gliederungsschema für die Analyse von Leitformeln

Leitformel	Zeit und Ort der Gültigkeit (Wann und Wo)	Trägergruppe/ Zielgruppe (für wen) Milieu (Wer)	Bereich aus dem die Leitformel stammt				Dimensionen				Funktion
			Gemeinschaft	Kultur	Politik	Wirtschaft	Empirie (Was)	Norm/Ziel (Wozu)	Anschlussfähigkeit an andere Leitformel	Gegner	

Abbildung 18: Kulturpolitik: Verständnisweisen, Sprachformen, zentrale Themen und Trägergruppen

Nr.	Verständnisweise	Sprachform	zentrales Thema	Trägergruppe (z. B. Sinus-Milieu)	Leitformel
	Kulturpolitik als:				
1.	Klassenkampf		Klassenkonflikt		
2.	Politik des Staates / Etatismus	juristisch-bürokratisch	Systemstabilität		
3.	Geschlechterkampf		Gender-Gerechtigkeit		
4.	Durchsetzung einer Leitkultur		Kampf der Kulturen		
5.	Generationenpolitik		Generationenkonflikt		
6.	Kunstförderung	schöngeistige Sprache der Gebildeten	hohe (traditionelle) Kunst		
7.	Gesellschaftspolitik/-reform	soziologisch	Reform		
8.	Kulturwirtschaftspolitik	ökonomisch	Wachstum, Kreativität		
9.	Politik der Vielfalt a) Multikulturalismus b) Vielfalt i.S. der UNESCO		Vielfalt		
10.	Politik der Anerkennung		Respekt		
11.	Politik der Identität		Identität		
12.	Bildungspolitik		Bildung		
13.	Lebensstilpolitik		Identitäten		
14.	Mentalitätspolitik		Wertewandel		
15.	Entwicklungspolitik		Entwicklung		

Teil 2 Theorie und Praxis von Slogans und Leitformeln

In diesen zweiten Teil des Buches sollen einige Beispiele für den Umgang mit Leitformeln und Slogans vorgestellt werden. Man wird im ersten Teil zwar viele Hinweise und vielleicht sogar Tipps dazu finden, wie man funktionierende Leitformeln und Slogans entwickeln kann. Doch liegt der Schwerpunkt meiner Überlegungen in der Analyse der Funktionsweise. So gesehen stellen sich Leitformeln und Slogans zwar als wichtige Hilfsmittel der praktischen Arbeit im Kulturmanagement und in der Kulturpolitik heraus. Doch sie sind zugleich ein Schlüssel für die Theoriebildung in beiden Feldern. In Kapitel 7 wird so der Umgang mit konkreten Slogans und Leitformeln in der Praxis untersucht. Ziel dieser Ausführungen ist es, am Beispiel verbreiteter Slogans und Leitformeln exemplarisch aufzuzeigen, welch komplexe Sachverhalte und Diskurskonstellationen mit ihnen gebündelt werden. Ein „Lernziel" besteht dabei in dem Hinweis darauf, auf welch dünnem Eis man sich bei der (notwendigen) Verwendung dieser Begriffe oft bewegt.

Kapitel 6 beruht auf verschiedenen Artikeln und Aufsätzen, die bereits in unterschiedlichen Zeitschriften veröffentlicht wurden. Dabei geht es mir in den älteren Arbeiten zu pädagogischen Leitformeln sehr stark um das (wissenschaftstheoretische) Problem der Begründung. Die kulturpolitischen Arbeiten beziehen sich auf Entwicklungen und Diskurse der letzten Jahre. Sie sind meist (z. T. in vereinfachter Form) in „Politik und Kultur", der Zeitung des Deutschen Kulturrates erschienen und mischen sich in die (Diskurse über die) Gestaltung der Kulturpolitik ein. Das macht es verständlich, dass nicht alle bei einer umfassenden Analyse systematisch zu berücksichtigenden Fragestellungen, so wie sie in Teil 1 entwickelt wurden, bearbeitet werden.

6 Slogans und Leitformeln in der Praxis

6.1 Das „Bürgerrecht Kultur" und „Kultur für alle" – Rahmenbedingungen eines Diskurses

Zurzeit verwendet man in der kulturpolitischen Debatte unterschiedliche Begriffe. Auf Basis der Generationsuntersuchungen von Göschel (vgl. Abb. 8) lässt sich die größere Bedeutung, die Slogans und Leitformeln seit Mitte der 60er Jahre spielen, damit begründen, dass erst jetzt eine aktive Kulturpolitik entsteht. Man musste gegen die verbreitete Vorstellung, Kulturpolitik erschöpfe sich in Kulturpflege, also der Bewahrung klassischer Kulturbestände auf den Bühnen und in den Museen, starke Argumente ins Spiel bringen und viel Überzeugungsarbeit leisten, um ein Konkurrenzprogramm zu etablieren. Zwei Slogans und Leitformeln sind bis heute im Gespräch: Das „Bürgerrecht Kultur" (Hermann Glaser) und „Kultur für alle" (Hilmar Hoffmann). Der argumentative Aufwand zur Begründung der jeweiligen Leitformel war beträchtlich. Glaser bezog sich dabei bewusst auf den Klassiker Friedrich Schiller und seine „Briefe zur ästhetischen Erziehung", hebelte also die sich auf Bewahrung der Klassik berufende „Kulturpflege" quasi mit ihren eigenen Waffen aus, wobei man Friedrich Schiller recht leicht zu einem sozialdemokratischen Reformanhänger hat machen können: Auch er wehrte sich nach einer anfänglichen Begeisterung schließlich gegen die Französische Revolution und den „terreur" von Robespierre und plädierte stattdessen für eine friedliche Reform.

Die (etwas später eingeführte) Rede von einem Bürgerrecht Kultur war ebenfalls ein kluger Schachzug. Bürgerrechtsbewegungen waren in den USA verbreitet. Das „Bürgerrecht" ist zudem ein zentraler Begriff aus der Staats- und Völkerrechtsdebatte, ist also argumentativ juristisch gut verankert. Man diskutierte zudem seit der Verabschiedung der Allgemeinen Erklärung der Menschenrechte darüber, wie diese nichtbindende Erklärung in bindendes Völkerrecht umgewandelt werden könnte. Dies sollte durch einen Pakt geschehen. Es wurden schließlich zwei Pakte, die nach langer Diskussion 1966 verabschiedet und erst 1976 in Kraft gesetzt wurden, nachdem eine genügend große Anzahl von Mitgliedsstaaten sie ratifiziert hatte (Bundeszentrale 2004). Getrennt hat man die beiden Pakte, weil es um zwei systematisch zu unterscheidende Rechtsbündel ging: Im ersten Pakt (über bürgerliche und politische Rechte) ging es um die klassischen Abwehrrechte, v.a. gegen den Staat. Daneben gibt es jedoch soziale, ökonomische und kulturelle Rechte, die keine Schutzrechte, sondern Anspruchsrechte sind. „Teilhabe" ist hier der Kernbegriff. Und um diese herzustellen, ist Umverteilung von Ressourcen nötig. Genau dies steht wiederum im Gegensatz zu der klassischen liberalen Überzeugung der Rechte des ersten Paktes (die eine Basis für den ersten Teil, die Schutz- und Abwehrrechte ist), die gerade keinen starken Staat wollen. Man hat es also in der Tat mit zwei verschiedenen Staatsauffassungen zu tun. Immerhin waren Bürgerrechte seit Jahren im Gespräch, darunter auch kulturelle Bürgerrechte mit dem Recht auf kulturelle Teilhabe in ihrem Mittelpunkt. Diese Debatte wurde weltweit im Kontext der Vereinten Nationen geführt, sie wurde sehr stark vom Europa-Rat aufgegriffen. Sie wurde zudem ergänzt durch die Forderung eines Bürgerrechts auf Bildung (in Deutschland etwa durch den Sozialliberalen Ralph Dahrendorf). Der Deutsche Städtetag machte sich diese Debatte um kulturelle und Bildungsrechte, um Teilhabe, um „Emanzipation" – ebenfalls eine Leitformel, die in dieser Zeit eine hohe Relevanz bekam – zu eigen, sodass eine breite Diskursgemeinschaft entstand.

Zu dem semantischen Kontext gehörten zudem die Slogans des Europa-Rates „kulturelle Demokratie" und „Demokratisierung als Kultur". Politisch wurde dies durch erhebliche Unruhen vor allem bei den Studenten verstärkt, sodass insgesamt sehr gute klimatische Bedingungen für einen (zumindest diskursiven) Wechsel vorhanden waren. Dass man in dieser Situation auf eindrucksvoll argumentierende Begründungstexte zurückgreifen konnte, war dabei nicht unwichtig. Auch dies ist also zu bedenken, wenn man sich heute neue Slogans und Leitformeln überlegt: das Diskursklima, begleitende politische Prozesse, ähnliche Diskurse in anderen Politikfeldern, gute Begründungen, relevante Trägergruppen und – bislang noch nicht erwähnt – eine erhebliche Unterstützung eines großen Teils der Medien. Der Slogan „Kultur für alle" war ebenfalls geschickt in diesem Diskursthema platziert. Denn der Rückgriff auf Comenius („Bildung für alle") zeigte, dass es einen jahrhundertealten Wunsch nach Demokratie („für alle") gab. Viele haben sich zudem noch an Ludwig Ehrhardts Buch „Wohlstand für alle" aus dem Jahr 1957 erinnert. Die Anschlussfähigkeit an andere Diskurse bis hin zur Ökonomie war also gegeben. Greifen wir einige der Diskurselemente noch einmal auf.

Kulturelle Teilhabe

Teilhabe ist – wie erwähnt – ein Menschenrecht. Gelegentlich rechnen es sich Kultur- und Bildungseinrichtungen besonders hoch an, wenn sie die Bevölkerung in aller Breite erreichen. Dies ist zwar lobenswert. Doch ist daran zu erin-

6 Slogans und Leitformeln in der Praxis

nern, dass Teilhabe das am höchsten abgesicherte Menschenrecht im Bereich der Kultur- und Bildungspolitik ist. In der Allgemeinen Erklärung der Menschenrechte ist nämlich nicht bloß von einem Menschenrecht auf Bildung, sondern auch von einem Menschrecht auf kulturelle Teilhabe die Rede. Dieses Menschenrecht in der Allgemeinen Erklärung wird präzisiert durch eine ganze Reihe von weiteren internationalen Konventionen und Pakten, in denen dies immer wieder bestätigt wird. Die Tatsache, dass Teilhabe ein Menschenrecht ist, hat eine weitere unmittelbare Konsequenz: Da Menschenrechte universell und unteilbar sind, heißt Teilhabe in jedem Fall: Teilhabe für alle.

Das Paradoxe an dem Konzept der Teilhabe besteht darin, dass möglicherweise das bedeutungsgleiche Fremdwort, nämlich Partizipation, sehr viel verbreiteter ist. In dem Wort Partizipation steckt das Wort „pars", also Teil, womit sofort ein Hinweis auf das Pendant dieses Teils, nämlich das Ganze, gegeben wird. Der Ganzheitsbegriff, um den es hier geht, ist der Begriff der Integration. Es geht also um das oft dialektische Wechselspiel zwischen dem Einzelnen und dem Allgemeinen, an dem sich gerade die Pädagogik immer wieder abarbeiten muss. Denn zum einen steht im Mittelpunkt der Pädagogik die Arbeit am Subjekt, also die Hilfestellung, dass aus dem Kind ein starker und selbstbewusster Erwachsener wird, der selbst verantwortlich für sein Handeln ist. Andererseits führt die Überbetonung der Individualität oft dazu, dass die Gesellschaftlichkeit des Einzelnen unterschätzt wird. Pädagogik hat hier eine Vermittlungsrolle, nämlich die Prozesse der Individuation und der Sozialisation im Hinblick auf die Entwicklung der Persönlichkeit zusammenzuführen.

Bleibt man auf der Ebene international eingeführter und menschenrechtlich abgesicherter Begriffe, so ist neben dem Konzept der Teilhabe (und der Integration) gerade in den letzten Jahren das Konzept der Vielfalt zu berücksichtigen. Inzwischen nennt man die jüngst verabschiedete und in Kraft gesetzte Konvention zur kulturellen Vielfalt sogar die „Magna Charta der internationalen Kulturpolitik". Dieses neue, völkerrechtlich relevante Instrument ist dabei nicht bloß politisch von Interesse, sondern es ist auch kulturtheoretisch von höchster Bedeutung. Denn es formuliert gerade in seinem Anfangsteil auf höchstem Niveau den Zusammenhang der unterschiedlichen, menschenrechtlich abgesicherten Leitbilder und Begriffe wie etwa Teilhabe, Vielfalt, Nachhaltigkeit und Entwicklung. Gleichzeitig wird in dieser Konvention auch die Rolle der Bildung bei der Umsetzung dieses politischen Zieles der Vielfalt an zentraler Stelle hervorgehoben (Art. 10). Man kann also feststellen, dass sowohl auf der Ebene völkerrechtlich verbindlicher Instrumente als auch auf der Ebene einer theoretischen Reflektion der Zusammenhang von Teilhabe, Integration und Bildung als selbstverständlich postuliert wird (die relevanten Texte finden sich in Bundeszentrale 2004).

Auch gut abgesicherte Begriffe haben ihre Konjunkturen, werden bedeutsamer oder verschwinden gelegentlich auch wieder im Hintergrund. Im Moment scheint es geradezu zu einer Wiederentdeckung von „Teilhabe" zu kommen. Das ist auch gut so. Allerdings kann man fragen, warum die Aktualität dieses Konzeptes gerade jetzt geschieht. Vielleicht hilft bei der Beantwortung dieser Frage eine kurze historische Erinnerung. Von Teilhabe ist nämlich auch dort die Rede, wo dieses Wort selbst gar nicht erwähnt wird. Speziell im bildungstheoretischen Kontext ist hier an Comenius zur Zeit des Dreißigjährigen Krieges zu erinnern, der in einer Zeit, in der sich die Gesellschaft sehr scharf in unterschiedliche Stände aufteilte, wobei nur für die wenigsten ein gewisser Bildungsanspruch zugesichert worden ist, von einer „Bildung für alle" gesprochen hat. Ludwig Erhardt hat 300 Jahre später diesen Slogan aufgenommen und Anfang der 50er Jahre, also ab Beginn des „Deutschen Wirtschaftswunders", von einem „Wohlstand für alle" gesprochen. Und schließlich hat Hilmar Hoffmann in den 70er Jahren den Slogan „Kultur für alle" proklamiert. Allen drei Slogans ist eine zutiefst demokratische Grundausrichtung gemeinsam. Allen drei Slogans ist allerdings auch gemeinsam, dass sie nur Sinn machen vor dem Hintergrund einer Defizitanalyse, dass nämlich sowohl Bildung als auch Wohlstand und Kultur eben nicht für alle gleichermaßen zugänglich waren. Diesen Ansatz, etwas zugänglich für alle zu machen, steckt übrigens auch in den Konzepten der „Daseinsvorsorge" und der „Grundversorgung". All diese Begriffe sind Begriffe der Teilhabe, die nur Sinn machen vor dem Hintergrund einer vorenthaltenen Teilhabe.

Im Hinblick auf kulturelle Teilhabe ist es sinnvoll, seine Aufmerksamkeit auf andere Formen der Teilhabe zu lenken. Bereits in den genannten völkerrechtlichen Instrumenten gibt es nämlich neben der kulturellen Teilhabe auch eine politische, soziale und ökonomische Teilhabe. Ganz im Sinne der Menschenrechtstheorie gelten alle diese Ziele nicht bloß universell, sie sind auch nicht voneinander zu trennen. Dies bedeutet insbesondere, dass es einen engen Zusammenhang zwischen kultureller, sozialer, politischer und ökonomischer Teilhabe gibt. Der Sozialpolitikforscher Franz Xaver Kaufmann (2003) hat in seiner Analyse der sozialen Teilhabe vier notwendige Voraussetzungen identifiziert, die erfüllt sein müssen, damit soziale Teilhabe Realität wird: Es handelt sich um rechtliche, finanzielle, geographische und bildungsmäßige Voraussetzungen. Diese Liste von notwendigen Bedingungen für die Realisierung von sozialer Teilhabe lässt sich ohne Probleme auch als Bedingungen von kultureller Teilhabe erkennen.

Gerade im Hinblick auf die bildungsmäßige Voraussetzung ist zu fragen: Um wessen Bildung geht es eigentlich? Die normale Antwort auf diese Frage besteht darin, dass man den möglicherweise unzureichenden Bildungsstand der Menschen mit Zuwanderungsgeschichte in den Fokus nimmt. Das ist auch rich-

6 Slogans und Leitformeln in der Praxis

tig so. Denn es hat nicht zuletzt PISA gezeigt, dass unser Schulsystem gerade bei der Gruppe der Jugendlichen aus dieser Bevölkerungsgruppe versagt. Möglicherweise ist es mindestens ebenso interessant, eine andere Gruppe und deren Bildungsstand in den Blick zu nehmen, nämlich der Bildungstand der politischen Elite gerade bei Fragen der Zuwanderungspolitik. Beide Aspekte will ich im Folgenden aufgreifen.

Betrachten wir zunächst einmal den Aspekt der Bildung bei Menschen mit Zuwanderungsgeschichte, bei denen es offenbar Integrationsprobleme gibt. An Wissen und Erkenntnissen über diese Problemlage besteht inzwischen kein Mangel. Es gibt eine Fülle entsprechender Untersuchungen, die sich mit dieser Frage befassen. Zu nennen sind hier etwa der Familienbericht des Bundes, die Kinder- und Jugendberichte von Bund und Ländern und natürlich die PISA-Studien, die seit 2001 mit großer Publizität veröffentlicht und rezipiert werden. Einige wenige Ergebnisse sollten inzwischen bei allen bekannt sein: Gerade in Deutschland gibt es einen hohen Anteil (nämlich über 20%) von Jugendlichen, die noch nicht einmal die erste Kompetenzstufe bei dem Lesen und Schreiben erreichen. Da man durch PISA weiß, dass es eine hohe Korrelation zwischen der Lesekompetenz und den Fähigkeiten in Mathematik und Naturwissenschaften gibt, ist der Misserfolg in den beiden anderen PISA-Fächern vorprogrammiert. In der PISA-Studie heißt es:

> „Länder, in denen die Leistungsunterschiede zwischen der einheimischen und der Schülerpopulation mit Migrationshintergrund relativ gering sind und wo der Leistungsabstand für die zweite Generation deutlich kleiner ist als für die erste, weisen in der Regel fest installierte Sprachförderungsprogramme mit relativ klar definierten Zielen und Standards auf." (Deutsches PISA-Konsortium 2001).

Es gibt also nicht bloß eine Korrelation zwischen den unterschiedlichen Kompetenzfeldern, die PISA überprüft hat, es gibt auch eine klare Korrelation zwischen dem politischen Umgang mit erkannten Defiziten (Stichwort Förderung) und den Resultaten der PISA-Untersuchung.

Bildung, so ein Ergebnis der Untersuchungen von Kaufmann, ist eine entscheidende Voraussetzung für eine gelingende Teilhabe. Zu diesem Ergebnis kommt auch der Sozialpsychologe Heiner Keupp, der sich mit sozialpsychologischen Dimensionen von Teilhabe befasst. Stichworte seiner Untersuchungen sind: Anerkennung, eine materielle Grundsicherung und Empowerment (hier in Maedler 2008). Etwas ausführlicher in Bezug auf die betroffenen Menschen:

- Herstellung eines kohärenten Sinnzusammenhangs.
- Die Fähigkeit zum „boundery management".
- Sie brauchen „einbettende Kulturen".

- Sie benötigen eine materielle Basissicherung.
- Sie benötigen die Erfahrung der Zugehörigkeit.
- Sie brauchen einen Kontext der Anerkennung.
- Beteiligung am alltäglichen interkulturellen Diskurs.
- Sie brauchen zivilgesellschaftliche Basiskompetenz.

Da man inzwischen davon spricht, dass Bildung eine Koproduktion der unterschiedlichen Akteure ist, sind die Schule und die außerschulischen Bildungsinstanzen gleichermaßen für die Herstellung dieser notwendigen Voraussetzungen von Teilhabe verantwortlich. Ich komme nunmehr zu dem zweiten Teil der Bildungsproblematik, nämlich der notwendigen Bildung in der Aufnahmegesellschaft, speziell bei den politischen Eliten.

Bildung geht zwar nicht in Wissen auf, doch ist Wissen eine wichtige Grundlage von Bildung. Gerade im Hinblick auf Fragen der Migration und Zuwanderung könnten inzwischen alle, auch die politisch Verantwortlichen, eine Menge wissen. Aktuell ist hier auf eine sozialwissenschaftliche Untersuchung von „Sinus Socio Vision" (www.sociovision.de) hinzuweisen, die kürzlich u.a. das Bundesministerium für Familie, Senioren, Frauen und Jugend publiziert hat. Sinus-Studien haben gerade im kultur- und bildungspolitischen Bereich eine gute Tradition in Deutschland, da sie zu einer veränderten Sicht über die gesellschaftliche Struktur zunächst in Westdeutschland, inzwischen auch für Gesamtdeutschland gesorgt haben. Insbesondere gibt es im Bereich der politischen Bildung (Friedrich-Ebert-Stiftung) als auch im Bereich der Kirchen aussagekräftige Studien mit einer großen Erklärungskraft gerade im Hinblick auf Akzeptanzprobleme beider Felder bei den anvisierten Zielgruppen.

Die nunmehr mit Datum 16.10.2007 vorgelegte Sinus-Studie befasst sich mit Menschen mit Migrationshintergrund in Deutschland. Zur Erinnerung: Milieus sind Zusammenfassungen von Menschen mit einer ähnlichen Grundorientierung und Werteskala, mit einem ähnlichen Lebensstil und Geschmack, die sich zudem in einer ähnlichen sozialen Lage befinden. Die zentrale Erkenntnis dieser Milieu-Studie bei Menschen mit Zuwanderungsgeschichte besteht darin, dass die Tatsache der Zuwanderung von erheblich geringerer Bedeutung ist, als man bisher angenommen hat: Man kann also nicht von der Herkunftskultur auf das Milieu schließen und man kann auch nicht vom Milieu auf die Herkunftskultur schließen. Faktoren wie ethnische Zugehörigkeit, Religion und Zuwanderungsgeschichte beeinflussen die Alltagskultur, sind letzen Endes aber nicht milieuprägend und identitätsstiftend. Der Einfluss religiöser Traditionen wird oft überschätzt. Von daher überrascht es auch nicht, dass sich graphische Darstellung der Migrantenmilieus nicht sonderlich von der Darstellung der Milieus der gesamten Gesellschaft in Deutschland unterscheidet.

6 Slogans und Leitformeln in der Praxis

Politisch sollte diese Studie zumindest dazu führen, differenzierter mit dieser Population umzugehen und nicht generell eine mangelnde Integrationsbereitschaft, die zudem auf die ethnische Herkunft zurückgeführt wird, zum Ansatzpunkt politischer Programme auszuwählen. Ganz banal, aber folgenreich: Die Menschen mit Migrationshintergrund gibt es nicht. Die Folge ist, dass man die Frage der Integration sehr stark differenzieren muss im Hinblick auf das jeweils angesprochene soziale Milieu.

Bildung ist jedoch weitaus mehr als Wissen. Was man als Wissen akzeptiert, ist sehr stark von Überzeugungen und Einstellungen abhängig. So wird die Erkenntnisfähigkeit oft durch ideologische Scheuklappen behindert. Zu erinnern ist an dieser Stelle daran, wie lange es gedauert hat, bis die Tatsache, dass es sich bei der deutschen Gesellschaft um eine Zuwanderergesellschaft handelt, in der Politik angekommen ist. Positiv gesehen kann man feststellen: Inzwischen hat sich diese Erkenntnis herumgesprochen. Als Beweis kann man etwa den Nationalen Integrationsplan anführen, der in der Verantwortung der Bundeskanzlerin verabschiedet worden und dem eine umfangreiche Konsultation vorangegangen ist. Indizien für die neue Erkenntnisfähigkeit der Politik sind auch, dass der Jugendminister Nordrhein-Westfalens inzwischen offiziell ein Minister für Integration ist, dass es im Bundeskanzleramt eine Beauftragte für Integration gibt und dass große Einrichtungen wie etwa der WDR die Funktion eines Integrationsbeauftragten eingerichtet haben. Auch die Wirtschaft setzt sich mit der Integrationsfrage auseinander, beschäftigt sich mit Diversity-Management und beteiligt sich an einer bundesweiten Initiative, Unternehmen zu „Orten der Vielfalt" zu machen. Nicht zuletzt ist hier die Initiative, die federführend von der Familienministerin betrieben worden ist, zu nennen, bestimmte Kommunen zu Orten der Vielfalt zu ernennen, sofern sie eine vorbildliche Integrationspolitik betreiben. Es gibt zudem sehr gute Positionspapiere von wichtigen politischen Akteuren wie etwa dem Deutschen Städtetag, der das Thema der Integration im Mai dieses Jahres bei seiner Hauptversammlung in München umfassend diskutiert hat.

Allerdings gibt es auch problematische Entwicklungen. Ich will zumindest drei solcher Entwicklungen benennen: So gibt es einen Trend in der Bildungspolitik zu einer Festlegung eines Kanons. Insbesondere die Konrad-Adenauer-Stiftung (2004) hat sich hier in den letzten Jahren sehr angestrengt, zu einer verbindlichen Formulierung eines Kanons in unterschiedlichen Unterrichtsfächern zu kommen. Dies wäre an sich noch nicht schlimm, denn immerhin ist ein Kanon ein Diskursangebot darüber, was in der Kulturgeschichte als wichtig oder weniger wichtig betrachtet werden könnte. In besonderer Weise hat der Kanon zum Musikunterricht eine erhebliche Protestwelle ausgelöst, weil er eine gewisse Engstirnigkeit im Hinblick auf die Auswahl der Musikstücke und der Komponisten zeigt. Eine weitere problematische Entwicklung ist die Debatte über Leitkultur. Diese Debatte streut zwischen eher liberalen Ansichten des Bundestagspräsidenten und eher schwierigen Ansichten, die unter dem Motto der deutschen Leitkultur Deutschland als „Schicksalsgemeinschaft" verstanden wissen wollen, ein Begriff, der gerade Zuwanderern in den unterschiedlichsten Generationen wenig Möglichkeiten zur Integration gibt (Lammert 2006).

Interessant war in dieser Hinsicht die Debatte über den nationalen Integrationsplan am 8.11.2007 im Deutschen Bundestag. Die Oppositionsparteien haben – bei aller grundsätzlichen Wertschätzung dieses Ansatzes – Kritikpunkte benannt, mit denen sich die Politik in Zukunft wird auseinandersetzen müssen:

- Ist der nationale Integrationsplan wirklich mehr als Symbolpolitik, finden tatsächlich manifeste Veränderungen statt?
- Geht der nationale Integrationsplan wirklich über unverbindliche Selbstverpflichtungen unterschiedlichster Akteure (auch aus dem Kulturbereich) hinaus?
- Wie wird das unzureichend gelöste Problem des Wahlrechts speziell auf kommunaler Ebene bei Zuwanderergruppen behandelt?
- Welche Integrationshemmnisse gibt es insbesondere auch im Ausbildungsbereich?

Wer sich diese Kritikpunkte anschaut, stellt leicht fest, dass alle vier notwendigen Voraussetzungen einer gelingenden Integration, so wie sie oben im Anschluss an F. X. Kaufmann angeführt wurden, betroffen sind: nämlich politische, finanzielle, rechtliche und bildungsmäßige Voraussetzungen. Eine gelingende Integration ist nur dann möglich, wenn man alle vier Bedingungen als Einheit betrachtet und entsprechende effektive Maßnahmen ergreift. Trotzdem ist insgesamt der nationale Integrationsplan auch meiner Sicht positiv zu bewerten, weil er Ausdruck dessen ist, dass gerade bei der politischen Elite ein entscheidender Bildungsfortschritt erreicht worden ist, indem nämlich die Realität in Deutschland endlich anerkannt wurde.

Das Integrations- als Bildungsproblem gilt jedoch nicht bloß für die Gruppe der Zuwanderer und die Gruppe konservativer Politiker: Es gilt auch für die Menschen im Kultur- und Bildungsbereich. Es gibt inzwischen sehr gute Ausarbeitungen etwa zu der Frage, wann eine Kultur- oder Bildungseinrichtung zu einer interkulturellen Einrichtung geworden ist. An dem einen Ende des Kontinuums ist eine Einrichtung, die sich weder im Programm noch im Personal noch im Interesse für ein bestimmtes Publikum um Zuwanderer kümmert. Am anderen Ende der Skala gibt es eine interkulturelle Einrichtung, die sowohl in der Zusammensetzung ihres Personals als auch in der Entwicklung spezifischer Programmangebote dieses Gütesiegel verdient. Wer sich die Realität von Bildungs- und Kultureinrichtungen anschaut, wird feststellen, dass ein sehr hoher Prozentsatz unserer Einrichtungen noch sehr weit weg von dieser letzten Stufe ist. Auch dies ist ein mit der Integration verbundenes Bildungsproblem, dieses Mal bei den Akteuren in der Kultur- und Bildungsarbeit.

Die Notwendigkeit einer besonderen Berücksichtigung von Fragen der Teilhabe speziell im Hinblick auf eine veränderte Bildungspolitik ist offensichtlich. Daher sei abschließend noch einmal daran erinnert, was der Ethnologe W. Schiffauer (1997) in seinem Buch „Fremde in der Stadt" betont hat: dass nämlich Deutschland sehr stark dazu neigt, politische, ökonomische oder soziale Probleme als pädagogische Probleme zu betrachten. Sehr schnell werden also bei solchen Fragen spezifische Pädagogikprogramme aufgelegt, die dazu führen, dass man an soziale, politische und ökonomische Ursachen erst gar nicht mehr denkt. Von daher ist erneut auf die Relevanz und den Zusammenhang der vier Gelingensbedingungen von Teilhabe hinzuweisen: Bildung spielt eine entscheidende Rolle, sie kann allerdings nur im Kontext politischer, rechtlicher und ökonomischer Rahmenbedingungen zum Erfolg führen.

Im Hinblick auf die aktuelle Relevanz der beiden „Klassiker" unter den kulturpolitischen Slogans lässt sich feststellen, dass diese nach wie vor gegeben ist. Es liegen sogar Befunde vor, die eine erneute Aktualisierung ihrer Grundintention als notwendig erscheinen lassen. Nur wird man die veränderten Kontextbedingungen berücksichtigen müssen.

6.2 Didaktische Prinzipien als Leitformeln

Leitformeln wie „Emanzipation" oder aktuell „Kreativität" spielen nicht nur eine Rolle im politischen Diskurs. Man wandelt sie oft genug in Maximen bzw. Leitprinzipen um, die der praktischen Arbeit eine Richtung geben sollen. Einen ersten Zugang zu der hier vorgestellten theoretischen Konzeption für eine Analyse von Leitformeln habe ich in den 1980er Jahren bei Überlegungen zu (didaktischen) Prinzipien angestellt (Fuchs 1984). Man wird sehen, dass man leicht überall dort, wo „Prinzipien" steht, auch „Slogan" und „Leitformel" hinschreiben kann, da es eine strukturelle Ähnlichkeit in Hinblick auf die verschiedenen Dimensionen (Begründung, Legitimation, Anschlussfähigkeit etc.) gibt. Zum anderen ist kulturelle Bildungsarbeit ein zunehmend wichtiger Bereich in der Kulturpolitik, so dass pädagogische Erwägungen auch im Kontext dieses Buches legitim sind.

Didaktische Prinzipien stehen an der Nahtstelle zwischen Theorie und Praxis. Sie können sowohl in ausgesprochen theoretisch orientierten Texten auftauchen, in denen u. U. ein großer geistesgeschichtlicher Aufwand für ihre Begründung betrieben wird. Sie können aber auch als Ergebnisse und Ertrag einer langjährigen Praxis formuliert werden.

In einer ersten Verwendungsweise wollen didaktische Prinzipien eine bereits stattgefundene bzw. eine stattfindende Realität erfassen, wollen sie „auf den Begriff bringen".

Die didaktischen Prinzipien haben hier dieselbe Funktion, wie sie wissenschaftliche Begriffe in wissenschaftlichen Theorien besitzen. Sie sind Abbild einer Realität. Diese Beziehung zwischen Prinzip/Begriff und dem erfassten Gegenstandsbereich kann man in semiotischer Terminologie die „sigmatische Funktion von Begriffen" (Prinzipien) nennen. Eine solche (begriffliche) Abbildung von Praxis kann zwei Funktionen erfüllen:

- Wie jede wissenschaftliche Theorie ist auch pädagogische Theorie die Theorie einer Praxis. Diese Praxis ist für die zu entwickelnde Theorie die empirische Basis. Didaktische Prinzipien werden in dem hier diskutierten Zusammenhang also im Rahmen der Beziehung Theorie/Empirie verwendet, sie dienen der theoretisch-begrifflichen Reproduktion eines Realitätsausschnittes.
- Mit dieser Funktion der Theoretisierung von Praxis einher geht oft eine zweite wichtige Funktion: Didaktische Prinzipien sollen eine zukünftige Praxis auf der Basis der in ihnen verdichteten Ziele und Erkenntnisse orientieren. Sie formulieren als begriffliche Erfassung vorgängiger Praxis gesetzesähnliche Annahmen über Praxis generell und können daher für eine zukünftige Praxis als Norm gelten.

Didaktische Prinzipien sind daher angesiedelt in der spannungsvollen Beziehung Gesetz/Norm. Da hier der handelnde Aspekt angesprochen ist, kann man die hier deutlich werdende Dimension (wiederum in semiotischer Terminologie) als die „pragmatische Dimension" von didaktischen Prinzipien bezeichnen. Im Hinblick auf den zeitlichen Aspekt – es handelt sich um eine zukünftige Praxis, die gestaltet werden soll – haben didaktische Prinzipien hier eine antizipatorische Funktion. Der Bezug der Prinzipien auf eine Praxis, die sie erfassen bzw. die sie gestalten wollen, macht diese zur Extension von Prinzepen, zu ihrem Begriffsumfang. Die Reklamation dieser Prinzipien für eine zukünftige Praxis bringt daher eine Erweiterung der Extension mit sich, in die mit Hilfe der Prinzipien operativ eingegriffen werden soll. Dieser Sachverhalt, neben einem abbildenden auch einen operativen Charakter zu haben, also als Werkzeug genutzt werden zu können, vertieft die hier genutzte Analogie zwischen theoretischen Begriffen und didaktischen Prinzipien. Dieser Doppelcharakter von Abbild und Werkzeug wurde an anderer Stelle als „Komplementarität theoretischer Begriffe" bezeichnet. Bislang wurde die Beziehung didaktischer Prinzipien zu einer (vergangenen oder zukünf-

6 Slogans und Leitformeln in der Praxis

tigen) pädagogischen Praxis diskutiert. Nun werden didaktische Prinzipien nicht nur aufgrund ihrer Beziehung zu einer (für erfolgreich gehaltenen) Praxis proklamiert, sondern sie werden mitunter im Rahmen einer umfassenderen Theorie – sozusagen als deren praktischer Ertrag – begründet.

Als Kriterium für ihre Berechtigung gilt dann weniger der Rückbezug auf eine erfolgreiche Praxis, sondern die Konsistenz, mit der sie in das übrige Theoriengebäude eingeordnet werden können. Als Beispiel, das diesen Gedanken verdeutlichen mag, nehme ich das Prinzip der Anschaulichkeit. Zur Begründung diese Prinzips finden sich sicherlich alltägliche Praxiserfahrungen. Die Geschichte dieses Prinzips zeigt jedoch eine Vielzahl anspruchsvoller philosophischer oder pädagogischer Überlegungen, die im Laufe der Zeit zu einer Begründung genutzt wurden (wobei die verschiedenen Ansätze zu sehr verschiedenen Prinzipien der Anschaulichkeit geführt haben).

In semiotischer Terminologie nenne ich diese Begründungsmöglichkeit die syntaktische Dimension didaktischer Prinzipien.

Eine geringere Rolle in der Literatur zur Begründung didaktischer Prinzipien spielt die Frage der Kompatibilität der zu ihrer Begründung unmittelbar verwendeten Theorie mit anderen, ebenfalls verwendeten Theorien.

Als vierte und letzte Begründungsebene muss nun noch der „pädagogische Zeitgeist" genannt werden, die Tatsache nämlich, dass die Formulierung pädagogischer Aussagen nicht unabhängig von der „scientific community" ist, die diese Aussagen – unabhängig von ihrem Wahrheitsgehalt – akzeptieren muss. Diese Begründungsweise soll Legitimation genannt werden. So gesehen sind pädagogische Prinzipien Ausdruck des pädagogischen Bewusstseins ihrer Epoche.

Ich fasse die bisherigen theoretischen Überlegungen zusammen:
Didaktische Prinzipien werden im Brennpunkt der normativen, pragmatischen und theoretisch-wissenschaftlichen Dimension von Pädagogik angesiedelt. Sie finden ihren Platz
- zwischen Theorie und Praxis
- zwischen Empirie und Theorie und
- zwischen Gesetz und Norm.

In Anwendung semiotischer Überlegungen lassen sich die Begründungsmöglichkeiten schematisch anordnen (Abb. 19).

Abbildung 19: Begründungsmöglichkeiten

	Begründung 1: Syntax: Einordnung in inner- theoretische Architektonik (Konsistenz)	
Begründung 4: Akzeptiert werden durch Abnehmer (Legitimation)	didaktische Prinzipien	Begründung 2: Verträglichkeit mit anderen verwendeten Theorien (Kom- patibilität)
	Begründung 3: Sigmatik Bezug auf eine (bestehende oder geplante) Praxis	

Didaktische Prinzipien haben also einen abbildenden und einen operativ-werkzeughaften Aspekt, die sich komplementär ergänzen.

Didaktische Prinzipien haben die Aufgabe, auf der Basis der in ihnen verdichteten Erkenntnisse und Ziele die Praxis zu orientieren. Sie sind der Versuch, eine Vermittlung zwischen Theorie und Praxis herzustellen, Theorie praktisch wirksam werden zu lassen. Sie vermitteln also zwischen den verschiedenen Wissensformen des Theoretikers und des Praktikers, und sie tun dies in pragmatischer Absicht. Damit sind sie nicht nur Denk-, sondern auch Handlungsformen. Neben dieser unmittelbar praktischen Funktion lassen sich weitere Anwendungsmöglichkeiten für didaktische Prinzipien als geistige Werkzeuge angeben.

Die Analyse von Unterricht (als einer spezifischen Praxis) ist eine theoretische Tätigkeit, die stattfindende oder vorgefundene unterrichtliche Empirie zu erfassen, zu begreifen und zu bewerten. Dies alles geschieht auf der Grundlage theoretischer Vorstellungen über den Unterricht, zu denen auch didaktische Prinzipien als Kriterium gehören können. Sie werden dadurch zu theoretischen Werkzeugen für die Klärung praktischer Zusammenhänge.

Unterricht ist (u.a.) organisiertes und planmäßiges Lehren und Lernen. Planen heißt: Antizipation zukünftiger Realität nach Maßgabe rationaler Kriterien. Zu diesen rationalen Kriterien gehören didaktische Prinzipien. Diese werden in diesem Zusammenhang als Planungsinstrumente zu Werkzeugen für die geistige Antizipation praktischer Tätigkeiten.

Letztlich können didaktische Prinzipien Anwendung finden bei der Analyse vorfindlicher pädagogischer Konzeptionen. Sie werden hier zu theoretischen Werkzeugen bei der Klärung theoretischer Sachverhalte.

6 Slogans und Leitformeln in der Praxis

Ein historisches Beispiel: „Tätigkeit" als didaktisches Prinzip

In einer ersten Näherung wurde unter einem „Prinzip" ein Grundsatz verstanden, der sich auf Erfahrungswerte über erfolgreiches Handeln stützt und von dem man daher annimmt, dass er auch zukünftiges Handeln erfolgreich orientieren kann. Das Prinzip der Tätigkeit, an dem ich die verstehenden theoretischen Erörterungen zu konkretisieren versuche, taucht bereits in den ersten systematischen Entwürfen zur „Didaktik" im 17. Jahrhundert, etwa in der „Großen Didaktik" des Johan Amos Comenius auf.

Welches sind denn nun die erwähnten „Erfahrungswerte über erfolgreiches Handeln", die zu einer Proklamation dieses Prinzips führten?

Ich will auf zwei Bereiche hier eingehen, in denen „Tätigkeit" als wesentliches Charakteristikum der Agierenden bewusst wird, sodass sich das didaktische Prinzip der Tätigkeit bloß als pädagogische Variante einer allgemeinen Erkenntnis erweist. Dieser Rückbezug auf einen gesellschaftlichen und geistigen Umschwung rechtfertigt es, geradezu von einer „gesellschaftlichen Genese" dieses Prinzips zu sprechen.

Der erwähnte Umschwung ist eine fundamentale Änderung der gesellschaftlichen Produktionsweise. Die mittelalterliche feudale Gesellschaft wird in vielfacher Hinsicht dysfunktional: die feudale Gesellschafts- und Rechtsordnung wird zunehmend als Fessel für die landwirtschaftliche und gewerbliche Produktion empfunden; geographische Entdeckungen weiten den Blick über die engen Grenzen einer ständisch organisierten Gesellschaft hinaus; erste große handelskapitalistische Unternehmen (zum Beispiel die Fugger und Welser) entwickeln eine nie geahnte ökonomische Dynamik; die herkömmliche politische Ordnung des Staates muss in den entwickelten Gebieten (Norditalien) einer völlig neuen Ordnung Platz machen. Es entsteht mit diesen Umwälzungen allmählich ein neues Menschenbild: der passive und kontemplative Typ wird verdrängt vom geschäftigen, innovationsfreudigen Bürger. Im geistigen Leben findet diese Änderung im Bereich der materiellen Basis ihren Ausdruck in dem zunehmenden Bewusstwerden über den praktischen und operativen Charakter des Erkennens. Dieser kognitive Wandel kann durch das Konzept des Wandels im „Rationalitätstyp" von Wissen erfasst werden: Der Mensch verschafft sich seine Erkenntnisse nicht durch passives Hinnehmen, sondern durch aktives Eingreifen in die Natur. Tätigkeit, Handeln und Operativität werden seither zum Gegenstand des philosophischen Denkens, das diese Entwicklung reflektiert (Fuchs 2001).

Die „empirische Basis" für die Formulierung von „Tätigkeit" als didaktischem Prinzip ist also positiv die Erfahrung, dass Geschäftigkeit und zielgerichtete Aktivität die (individuellen und gesellschaftlichen) Zustände zu verbessern imstande sind. Kritisch kommt in der Postulierung dieses Prinzips die Überzeugung zum Ausdruck, dass Trägheit und Passivität die seit Beginn der Neuzeit nie unterbrochene krisenhafte politische und ökonomische Entwicklung begünstigt. In der gesamten Übergangszeit vom Feudalismus bis zur endgültigen Etablierung der „bürgerlichen Gesellschaft" finden sich zeitgenössische Schilderungen für die beschriebene Entwicklung.

Tätigkeit als ein Wesenszug der neuen, entstehenden Gesellschafts- und Wirtschaftsordnung, die zunehmend einen nie geahnten Reichtum an Gütern zu produzieren imstande war; zugleich das wachsende Bewusstsein, dass Erkenntnisse und Wissen ebenfalls „produziert" werden: beides habe ich als Quelle für die Formulierung eines entsprechenden (didaktischen) Prinzips hervorgehoben. „Tätigkeit" wird so zum theoretischen Konzept, vorhandene Praxis zu begreifen. Dieses gefundene Gesetz wird zur „Norm", zur Verhaltenserwartung erhoben und sogar – etwa im 18. Jahrhundert – in Tugendkatalogen kodifiziert, um eine zukünftige gesellschaftliche und individuelle Praxis entsprechend zu gestalten. Methodologisch ist an diesem Verfahren hervorzuheben, dass damit eine zentrale didaktische Kategorie – und eine solche ist „Tätigkeit" für die erziehungswissenschaftliche Theoriebildung – nicht willkürlich gesetzt, sondern explizit abgeleitet worden ist. Kommen wir nunmehr zu einem kulturpolitischen Beispiel.

6.3 Kulturelle Vielfalt: Zur Karriere einer kulturpolitischen Leitformel

Politik braucht Begriffe, die die Menschen verstehen, die sie akzeptieren und die überzeugend die jeweiligen Gestaltungsabsichten transportieren. Und weil dies so ist, überlassen die Parteien die „Erfindung" eingängiger Begriffe heute immer weniger dem Zufall, sondern engagieren Agenturen, die dies für sie übernehmen. Der politische Kampf wird so mitunter zu einem Kampf zwischen Agenturen und ihren sprachliche Neuschöpfungen. Inzwischen mehren sich allerdings die Beispiele, bei denen eine solche Begriffspolitik nicht funktioniert hat („Ich-AG", „Humanvermögen"). Doch so viel ist hieraus zu lernen: Gute Begriffe in der Politik tragen wesentlich die Politik mit, weil sie die Menschen überzeugen und somit die in den Begriffen erfassten Ziele legitimieren. Dies ist ihre erste systematische Funktion. Eine zweite Funktion solcher Begriffe besteht darin, dass sie sich sinnvoll auf eine Realität beziehen, die sich mit ihrer Hilfe strukturieren und verstehen lässt. So ähnlich meinte es Kant in seinem berühmten Diktum, dass Begriffe ohne Empirie leer, letztere aber ohne Begriffe blind seien. Zu dieser Erkenntnisfunktion gehört auch, dass sie dies nicht alleine und isoliert tun, sondern in Verbindung mit anderen Begriffen: in einer Theorie. Theorien sind Netzwerke von Begriffen, mit denen man „Welt" einfangen will. Begriffe müssen daher zu den anderen Begriffen der Theorie passen. Dies ist eine dritte Dimension, die zu erfüllen ist. Gerade in der Politik sind zudem oft mehrere Politikfelder mit demselben „Gegenstand" befasst. Es ist daher wünschenswert, dass man Verbindungen zwischen den unterschiedlichen Politikfeldern und damit zwischen den jeweils tragenden Begrifflichkeiten herstellen kann: Begriffe und bereichsspezifische Theorien sollten anschlussfähig sein. Dies ist eine vierte Dimension, die zu erfüllen ist. Leisten Begriffe alle vier Anforderungen in besonders guter Weise, kann man von „Leitformeln" sprechen.

Was bedeutet diese kleine Theorie politischer Konzeptionen für das Konzept der „kulturellen Vielfalt"? Offensichtlich leistet dieser Begriff die erstgenannte Funktion, die Akzeptanz bei einer breiten Mehrheit der Menschen, in vorzüglicher Weise. Der Begriff ist sogar so eingängig, dass man sich fast gar nicht mehr daran erinnert, dass die Kulturpolitik einmal hat ohne ihn auskommen müssen.

An dieser Stelle könnte ein Blick auf die Genese dieses Konzeptes nützlich sein. Allerdings führt die Untersuchung der Genese eines gegenwärtig einflussreichen Konzeptes leicht zu einer „teleologischen" Sichtweise, die die Vergangenheit als zielgerichteten Prozess hin zur Gegenwart beschreibt. Bei „kultureller Vielfalt" liegt eine solche Gefahr besonders nah. Dies liegt zum einen daran, dass der Begriff den oben skizzierten vierdimensionalen Tauglichkeitstest sehr gut besteht. Zum anderen macht die Hervorhebung der kulturellen Vielfalt etwas deutlich, was von Anfang an für den Kulturbegriff zentral war: Herder als sein Begründer brauchte ihn zur Beschreibung seiner Erkenntnis, dass der Mensch auf sehr viele unterschiedliche Weisen sein Leben gestalten kann. Wenn der Begriff der „Kultur" die Art und Weise des Menschseins beschreibt, dann ist dieser Begriff ein Begriff des Unterscheidens, der Differenz und damit der Vielfalt. Doch neigt man immer wieder dazu, aus der eigenen Kultur etwas Statisches, Monolithisches und vor allem etwas besonders Gutes zu machen („Leitkultur"), obwohl der Mensch auf Vielfalt angelegt ist, obwohl er aufgrund seiner unglaublichen Selbstgestaltungsfähigkeit in der Lage ist, fast überall auf spezifische Weise „menschlich" zu leben. Aber vielleicht hat auch dies seine Gründe: „Kultur ist nicht nur das, wovon wir leben", so Terry Eagleton in seinem Essay „Was ist Kultur?" (München 2001, S.182). „In erheblichem Maße ist es auch das, wofür wir leben. Liebe, Beziehung, Erinnerung, Verwandtschaft, Heimat, Gemeinschaft, emotionale Erfüllung, geistiges Vermögen, das Gefühl einer letzten Sinnhaftigkeit – dies alles steht den meisten von uns näher als die Charta der Menschenrechte oder Handelsverträge". Auf letzteres komme ich später zurück.

Die kulturtheoretische Diskussion hat dazu geführt, Abschied von allzu essentialistischen Vorstellungen zu nehmen: „Kultur" wird heute als Prozess, als ständiger Mischvorgang unterschiedlicher Strömungen verstanden. Im Vorwort zum zweiten Weltkulturbericht (Cultural Diversity, Conflict, Pluralism; Paris

2000) der UNESCO beschreibt Lourdes Arizpe diese theoretische Weiterentwicklung präzise und verwendet hierbei das Bild von der Kultur als einem Fluss. All dies entschuldigt vielleicht, dass eine Darstellung der Genese dieses Begriffes aus der UNESCO-Zentrale von Katerina Stenou (UNESCO et la question de la diversité culturelle; Paris 2003) der oben genannten Gefahr nicht entgeht: nämlich die Genese des Konzeptes als Erfolgsgeschichte zu beschreiben, die zwangsläufig in der heutigen Situation enden muss. Problematisch ist an der Darstellung, dass sie aufgrund ihrer UNESCO-immanenten Sicht auf offizielle Dokumente Kulturpolitikgeschichte gerade in der letzten Etappe so beschreibt, als ob es keine äußeren Einflüsse gegeben hätte. Natürlich konnte sich der Diskurs über „kulturelle Vielfalt" auf eine gut vorbereitete konzeptionelle Basis, auf konsensfähige Beschlüsse, auf Ergebnisse der Weltkonferenz in Stockholm von 1998, auf die Weltdekade Kultur und Entwicklung, auf die beiden Weltkulturberichte und vor allem auf die Universelle Erklärung zu kulturellen Vielfalt aus dem Jahre 2001 stützen. Die Konjunktur des Pluralitätsthemas wurde zudem literarisch durch Huntingtons Bestseller über den Crash der Kulturen, politisch durch den 11.9.2001 unterstützt. All dies wäre jedoch durch die „Universelle Erklärung" vom November 2001 und durch die Einführung eines Welttages der kulturellen Vielfalt (20. Mai) hinreichend politisch gewürdigt. Dass kulturelle Vielfalt (wie biologische Vielfalt) auch noch durch eine „Konvention" gewürdigt werden soll, lässt sich UNESCO-immanent nicht mehr erklären: Ohne Berücksichtigung der ökonomischen Globalisierung und insbesondere der Ausdehnung der Zuständigkeit der Welthandelsorganisation WTO und ihrem Dienstleistungsabkommen GATS auch auf Bildung, Kultur, Soziales und Medien kann man den Karrierehöhepunkt dieses Konzeptes, nämlich Gegenstand einer Konvention zu werden, nicht verstehen (vgl. Joost Smiers 2004).

Gerade die letzte Etappe ist eine gute Prüfmöglichkeit für unser Konzept und die oben vorgestellten vier Prüfdimensionen: „Vielfalt" ist inzwischen in vielen Gesellschaften alltägliche Realität. Der kulturelle Selbstausdruck der unterschiedlichen gesellschaftlichen Gruppen und Personen wird als Menschenrecht akzeptiert und in einer Philosophie der Anerkennung (u.a. Habermas, Taylor) unterstützt. Verbreitet ist zudem die Angst vor einer ökonomischen Globalisierung mit ihrer vermuteten Auswirkung einer kulturellen Homogenisierung. Erste Studien (J. Smiers: Arts under Pressure. 2002) zeigen, dass diese Ängste nicht unbegründet sind. Im Hinblick auf die Dimensionen „Realitätserfassung" und „Akzeptanz/Legitimation" ist der Begriff also bestens eingeführt. Zudem wurde er theoretisch insofern geadelt, als er in den letzten Jahren zumindest gleichberechtigt neben die gut eingeführten, bislang tragenden Konzepte trat: neben Friede und dem Bezug auf die anderen Grundkonzepte der Menschenrechtserklärung sind es „kulturelle Identität", „Entwicklung", Völkerverständi-

6 Slogans und Leitformeln in der Praxis

gung bzw. (kultureller) Dialog und Toleranz. Hierbei ist die oben erwähnte Darstellung von K. Stenou hilfreich, die vier historische Etappen unterscheidet, in denen jeweils bestimmte Politik-Konzepte relevant wurden: die erste Etappe mit der Bewältigung der Spaltung in Ost und West und dem kalten Krieg (Erziehung als Schlüssel für den Frieden); die zweite Etappe, in der ehemalige Kolonien selbständig wurden (kulturelle Identität), die dritte Phase als Suche nach eigenen Entwicklungswegen (menschliche Entwicklung) und schließlich die vierte Phase, in der der Dialog zwischen Kulturen nicht bloß zwischen Staaten und Völkern, sondern auch innerhalb derselben Gesellschaft notwendig wurde. Nicht zuletzt war es der Bericht der Weltkommission zu Kultur und Entwicklung „Our Creative Diversity", der dem Begriff der Vielfalt eine gewisse Spitzenstellung verschafft hat. Nun stellt sich die Aufgabe, eine überzeugende kohärente Begriffsstruktur zwischen den älteren Begriffen (Identität, Frieden etc.) und den Neuankömmlingen „Entwicklung", „Nachhaltigkeit" und „Vielfalt" herzustellen. Ein erster Schritt dürfte hierbei die systematische Grundlegung im ersten Teil des Konventionsentwurfs sein.

Eine solche Theoriearbeit ist nicht gering zu schätzen, auch wenn politisch andere Probleme im Vordergrund stehen. So fand spätestens bei der Stockholm-Konferenz 1998 und der Weltdekade Kultur und Entwicklung eine Annäherung zwischen Kultur und Ökonomie statt. „Ökonomie" bedeutete in Stockholm noch die durchaus humanitär zu verstehende Weltbank. Heute ist es die WTO. Hierbei geht es nicht mehr um eine humanistische Menschenrechtsrhetorik, sondern um Märkte, um Macht und um viel Geld. Es scheint, dass die UNESCO sich in diesem harten Geschäft gewaltiger Umsatzzahlen noch unsicher fühlt. Die jetzt stattfindenden Verhandlungen über die Konvention zeigen dies sehr deutlich. Die salomonische, allerdings spätestens seit Marx bekannte Wendung, kulturelle Waren und Dienstleistungen hätten einen ökonomischen und einen kulturellen Doppelcharakter, ist das begriffliche Bindeglied zwischen UNESCO und WTO. Leider geht der „Doppelcharakter" nicht sofort in einem harmonischen Nebeneinander auf. Die UNESCO ist in diesen möglichen Konflikt mit der WTO deshalb hinein gerutscht, weil das Konzept der kulturellen Vielfalt die oben vorgestellte Prüfung so gut erfüllt. Joost Smiers beschreibt in seiner erwähnten Broschüre, wie Vertreter der kleinen und mittleren Kulturwirtschaften vor allem frankophoner Länder über Schutzmöglichkeiten ihres Wirtschaftsfeldes nachdachten und eine UNESCO-Konvention zum Schutz kultureller Vielfalt als beste Waffe in dieser Auseinandersetzung betrachteten. Das diskreditiert die Konvention überhaupt nicht, bringt sie allerdings sofort als wirtschaftspolitisches Instrument in die Diskussion. In armen Ländern ist zudem heute die Diskussion über den Schutz der kulturellen Vielfalt die Fortführung der früheren Diskussion über kulturelle Identität. Speziell in Deutschland berührt diese Debatte zudem entschieden den Diskurs über Kunst. Denn auch die als Schutz gedachte Formel von dem Doppelcharakter begreift Ergebnisse künstlerischen Ausdrucks eben auch als ökonomische Güter und Dienstleistungen, was für viele Künstlerinnen und Künstler schwer zu akzeptieren ist.

Die Debatte um die Konvention ist – neben all ihrer praktischen Relevanz – insgesamt ein exzellentes Lehrstück in Sachen Theorie der Kulturpolitik. Es ist sehr wahrscheinlich, dass für die UNESCO und ihr Selbstverständnis mit dieser Konvention eine neue Etappe beginnt, so dass eine weitere machtvolle Wirkung der Leitformel „kulturelle Vielfalt" die Veränderung einer wichtigen Weltorganisation ist. Die Macht von Begriffen: Wer wollte sie bezweifeln?

6.4 Leitformel Kreativität in der Kulturpolitik

Ich starte mit einem kleinen Zitat:

> „The creative economy has the potential to generate income and jobs while promoting social inclusion, cultural diversity and human development."

Ich wiederhole die angesprochenen Wirkungen, Ziele und Schlüsselwörter: Einkommen, Jobs, sozialer Zusammenhang, kulturelle Vielfalt und menschliche Entwicklung. Dies ist definitiv eine Menge. Es ist eine Kombination der wichtigsten Ziele von beidem: der Kultur- und der Wirtschaftspolitik. Falls diese Erwartungen und Hoffnungen in die Creative Economy realistisch sind, dann müssen wir uns fragen: Warum haben die Kulturpolitik und die Politik insgesamt Kreativität so spät erst entdeckt? Diese Ziele machen klar, warum Creative Industries an der Spitze der politischen Agenda der Europäischen Union stehen. Dies ist in der Tat der Fall: Man muss bloß die Mitteilung der Kommission der EU vom Mai 2007 zur Kulturpolitik lesen, die vom Rat der Kulturminister im November 2007 in Lissabon als Kulturagenda der Europäischen Union verabschiedet worden ist. Dort sind Creative Industries das zentrale Thema.

Inzwischen haben wir einen eindrucksvollen Bericht von 350 Seiten aus dem Jahr 2008 „Economy of Culture", der sehr genau den kulturellen Sektor von einem „sozio-ökonomischen Standpunkt" beschreibt. Dieser Bericht beschäftigt sich nicht bloß mit der ökonomischen Relevanz der Kultur, er kombiniert auch ökonomische Ziele mit Zielen anderer politischer Felder: Vielfalt, Integration, sozialer Zusammenhalt. Und natürlich gibt es eine starke Orientierung an den berühmten Lissabon-Zielen. Selbstverständlich spielt die mystische und berühmteste Zahl in diesem Kontext eine zentrale Rolle, nämlich die Zahl 2,6%. Man weiß, dies ist der Anteil der Kreativwirtschaft am gesamten Bruttosozialprodukt

6 Slogans und Leitformeln in der Praxis

(der EU und von Deutschland), und sehr viele Leute sind stolz, denn dieser Teil ist sehr viel größer als der etwa der Anteil der Automobilwirtschaft oder anderer traditioneller ökonomischer Felder. Das „Europäische Jahr der Kreativität und Innovation" ist ein anderer Schritt in dieselbe Richtung. D. h. wir haben inzwischen eine Art Hochzeit zwischen Kultur und Ökonomie, einige Jahre nachdem der französische Kulturminister Jack Lang den Slogan prägte: Kultur und Wirtschaft – dieselbe Schlacht.

Aber bevor wir nun die Champagnerflaschen öffnen können, müssen wir zur Kenntnis nehmen, dass es offensichtlich immer noch einige Probleme gibt. Gerade rechtzeitig für diesen Eröffnungsvortrag hat das wichtigste deutsche Theatermagazin (Theater heute) in seiner Juni-Ausgabe eine Anzahl von Essays und Artikeln veröffentlicht, die sich mit der ewigen Frage „Was ist Kunst?" befassen. In seiner Einführung beschäftigt sich ein Schauspielprofessor mit der Idee, dass Künstler eine enge, allerdings widersprüchliche Beziehung zur Wirtschaft haben. Er zeigt, warum künstlerische Kreativität definitiv nicht dasselbe ist wie die Kreativität im Sinne der Europäischen Union. Ich denke, dass es daher interessant sein könnte, einen kurzen Blick auf die Rolle der Kreativität in der Kulturpolitik zu werfen, um diese Überzeugung zu verstehen. Bevor ich dies tue, will ich aufklären, woher das Zitat am Anfang meines Vortrages stammt. Es ist das Motto eines anderen 350 Seiten starken Berichtes über unser Thema: Der Bericht „Creative Economy", der 2008 von UNCTAD (United Nations Conference on Trade and Development) und UNDP (United Nations Development Programme) in Zusammenarbeit mit der UNESCO, WIPO und dem International Trade Center (ITC) veröffentlicht wurde. Dieser Bericht ist interessant, weil er nicht bloß die Ziele des ökonomischen Wachstums, der Vielfalt und des sozialen Zusammenhangs zusammen bringt, sondern weil er auch noch andere wichtige politische Ziele einschließt, z. B. das Ziel der Nachhaltigkeit. Und der Bericht ist wichtig, weil sein Hauptfokus auf den sich entwickelnden Ländern liegt und nicht auf den relativ reichen europäischen Ländern. Das bedeutet: Es gibt eine Menge an Hoffnung in die Kreativität und die Kreativitätswirtschaft weltweit.

Nun zu den historischen Bemerkungen zur Kreativität. Man weiß, die erste Person, die kreativ war, war Gott: Gott schuf die Welt und er schuf Adam und Eva und unsere Geschichte begann. Das bedeutet, Kreativität im Sinne einer Schöpfung hat eine streng religiöse Bedeutung. Dies ist auch in den Künsten der Fall. Die Wörter „Künste" und „Künstler" in ihrer modernen Bedeutung haben eine Geschichte von bloß 200 Jahren. Es war dann im Kontext der Romantik, als die Idee eines Künstlers als Schöpfer eines Werkes aus dem Nichts (in Latein: creatio ex nihilo) aufkam. Dies ist genau das, was Gott tat: Auch dieser schuf die Welt und die menschlichen Wesen aus dem Nichts. Man findet diese religiöse Bedeutung von Kreativität und Schöpfertum auch in den Orten der Kunst: In den

Museen, in den Theatergebäuden, in den Opernhäusern. All diese Gebäude können als die Kathedralen des 19. Jahrhunderts betrachtet werden. Es gehört zu unserem Verständnis von Kreativität, dass die Künstler das Recht haben, nichtkonformistisch zu sein und die wichtige Rolle und die Funktion haben, über künstlerische Kreativität Möglichkeiten zur Selbstreflexion der Gesellschaft und des Einzelnen bereitzustellen. Und das ist üblicherweise eine kritische Prozedur. Wenn man dies vergleicht mit der Kreativität eines Art Director einer Werbeagentur oder eines Designers, die beide wichtige Teile der Kreativwirtschaft sind, kann man sehr leicht feststellen, dass die künstlerische Kreativität definitiv nicht dasselbe ist wie die Kreativität der Künstler. Möglicherweise scheint es manchem so, aber es ist nicht der Fall: dass diese Debatten altmodisch sind. Wir haben gerade eine solche Diskussion im Deutschen Kulturrat, der bereits jetzt viele traditionelle Felder der Kulturwirtschaft erfasst. Trotzdem haben wir eine sehr große Opposition gegen Bemühungen, nunmehr auch die Entwickler von Computerspielen als neuester Form der Kulturwirtschaft in unsere Reihen aufzunehmen. Und dies ist nicht der einzige Widerspruch. Es gibt nämlich neben diesem Widerspruch zwischen der alten und der neuen Kulturwirtschaft auch eine Spannung oder vielleicht sogar einen Widerspruch zwischen der kleinen und der großen Kulturwirtschaft. Ich komme darauf später zurück.

Ein wichtiger Schritt bei dem Zusammenkommen von Kultur und Wirtschaft war die UNESCO-Weltkonferenz zur Kulturpolitik 1998 in Stockholm. Diese Konferenz war der Abschluss der Weltdekade „Kultur und Entwicklung", die von 1988 bis 1997 stattgefunden hat. Im Mittelpunkt dieser Dekade stand der Report „Our Creative Diversity", der unter der Leitung von Perez de Cuellar erstellt worden ist. Eine wichtige Dimension nicht nur dieses Berichtes, sondern der gesamten Stockholm-Konferenz war die Berücksichtigung ökonomischer Fragen und insbesondere die Zusammenarbeit mit der Weltbank. In der selben Zeit wurde ein anderer wichtiger Bericht veröffentlicht, der Bericht „All our Futures. Creativity, Culture and Education" des National Advisory Committee on Creative and Cultural Education in Großbritannien. Vorsitzender war der bekannteste Wissenschaftler in diesem Feld, Ken Robinson, der nunmehr in den Vereinigten Staaten arbeitet. Dieser Bericht war wichtig, weil er die Idee der Kreativität energievoll in das Feld von Bildung und Erziehung hineinbrachte. Der Bericht gehörte auch zu der neuen Politik von New Labour, die einen großen Einfluss auf andere europäische Regierungen hatte, etwa auf die erste deutsche Rot-Grüne Regierung unter Gerhard Schröder. So gehörte zu einem neuen Verständnis von Kulturpolitik in Großbritannien, dass die Künste und ihre Unterstützung sehr stark an ihre sozialen Wirkungen gebunden waren. Mittlerweile gibt es eine Menge an Kritik gegenüber einer solchen Art von Kulturpolitik, so dass einige englische Kollegen erwarten, dass nunmehr eine Zeit kommt, die sich

6 Slogans und Leitformeln in der Praxis

strikt gegen eine solche politische und soziale Instrumentalisierung der Künste richtet.

Kreativität und die Künste sind Teil der Entwicklung unserer Gesellschaft von einer Industrie- zu einer Dienstleistungsgesellschaft. Die Künste und Kultur werden als Motoren dieser Entwicklung einer neuen sozialen Ordnung betrachtet: Der postindustriellen Gesellschaft. Wenn man die berühmten Bücher von Richard Florida vor diesem Hintergrund liest, dann sieht man sehr schnell, dass er sich mit sehr alten sozialen Entwicklungen und Themen beschäftigt. Ein Beispiel: Der Erfinder des Begriffs der Dienstleistungsgesellschaft war der Franzose Jean Fourastié. Er schrieb seine Bücher (u.a. „Die große Hoffnung des 20. Jahrhunderts") etwa 1950. Auch die neue „Creative Class" von Richard Florida ist sehr ähnlich der Klasse der „Symbolanalysten" des amerikanischen Wissenschaftlers und früheren Arbeitsministers in der Clinton-Administration, Robert Reich, aus den frühen 90er Jahren. Wir können daher zusammenfassen, Kulturpolitik entdeckte Kreativität in zumindest zwei Kontexten: als Kreativität der Künstler und als zentrales Element innerhalb der Debatte der Entwicklung der Industrie- zur Dienstleistungsgesellschaft. Bei letzterem ist Kreativität sehr eng verbunden mit einer ökonomischen Sichtweise von Kultur. Und es war diese letzte Bedeutung von Kreativität, die zu einem führenden Prinzip der gegenwärtigen Kulturpolitik speziell in der Europäischen Union geworden ist. Kreativität wurde zu einem Leitbegriff und hat andere frühere Leitbegriffe wie etwa „Demokratisierung der Kultur" oder „kulturelle Demokratie", die in den 70er Jahren speziell im Kontext des Europarates eine wichtige Rolle gespielt haben, abgelöst.

Offensichtlich erfüllt Kreativität als neue Leitformel viele Funktionen, die eine solche Leitformel erfüllen muss: Sie bezieht sich auf eine gewisse Realität, sie formuliert eine politische Utopie, die erreichbar erscheint, sie hat eine große Überzeugungskraft für viele Menschen. Allerdings bringt sie auch ein Problem mit sich: Aufgrund der Tatsache, dass sie gerade im Sprachgebrauch der Europäischen Union sehr stark ökonomisch imprägniert ist, bringt sie unmittelbar Kultur in den Wirkungsbereich der Welthandelsorganisation (WTO) und dort speziell in den Wirkungsbereich des GATS-Abkommens (General Agreement on Trade and Services). Das Ziel der WTO besteht darin, weltweit deregulierte Märkte für Güter und Dienstleistungen herzustellen. Das GATS-Abkommen versucht genau dies auch im Bereich von Bildung, Kultur und Medien. Daher entwickelten sich in den 90er Jahren des letzten Jahrhunderts speziell in Kanada große Widerstände. Denn gerade die kleine einheimische Kulturwirtschaft sah in Kanada keine Chance, gegen die großen global players aus den Vereinigten Staaten konkurrieren zu können. Es handelte sich also um einen Kampf zwischen der kleinen und der großen Kulturwirtschaft. Daher überlegte man sich, ein neues wirkungsvolles Rechtsinstrument zu schaffen, mit dem man dem GATS-Abkommen Paroli bieten kann: Die UNESCO-Konvention für kulturelle Vielfalt. Die Schöpfer dieses neuen, völkerrechtlich bindenden Instruments sind sehr optimistisch. Sie nennen sie „Magna Charta der internationalen Kulturpolitik". Allerdings wird dieses Instrument in Zukunft beweisen müssen, inwieweit es tauglich ist, die ursprünglichen Ziele und Hoffnungen auch erfüllen zu können. Die Basis dieser Konvention ist die Idee, dass kulturelle Güter und Dienstleistungen einen Doppelcharakter haben: Sie haben zum einen natürlich einen ökonomischen Wert, aber andererseits sind sie auch Träger kultureller Werte, weswegen sie auch einen speziellen Schutz benötigen.

Mein letzter Punkt in diesem Zusammenhang betrifft die Frage, ob eine Kreativitätspolitik zu einer neuen, einer kreativen Gesellschaft führen kann. Denn es geht in einigen Debatten nicht mehr bloß darum, neue Arbeitsmärkte für Kulturschaffende zu erschließen, man hat sogar eine Vision, die Vision einer neuen Gesellschaft. „Kreativität" wird so zu einem sehr ambitionierten Hoffnungsträger. Doch kann sie diese Hoffnungen überhaupt erfüllen? Kreativität, so wie sie gerade im Kontext der Europäischen Union diskutiert wird, ist sehr eng mit einem Wirtschaftsmodell verbunden, das man kurz Neoliberalismus nennen kann. Damit rückt Kreativität aber auch in den Kontext anderer wichtiger Kategorien aus diesem Feld: Mobilität, Employability und Flexibilität. Es gibt inzwischen heftige Diskussionen zu dem Pro und Contra dieser Entwicklungen. Einer der bekanntesten Wissenschaftler auf der kritischen Seite ist Richard Sennett. Er beschreibt in jedem seiner Bücher immer wieder aufs neue, dass der Mensch die immer größer werdenden Anforderungen an Mobilität und Flexibilität auf Dauer nicht aushalten kann und daran Schaden nehmen wird.

Gerade im Hinblick auf Bildung und Erziehung ist es interessant, wo die benötigten flexiblen und mobilen Menschen „produziert" werden. Üblicherweise ist es die Schule, die gesellschaftlich den Auftrag hat, die notwendigen Formen von Persönlichkeit und Subjektivität herzustellen. Andererseits hat die Schule aber auch einen allgemeinen Auftrag zur Entwicklung der Persönlichkeit, was auch beinhaltet, ein stückweit Widerständigkeit gegenüber solchen gesellschaftlichen Anforderungen zu zeigen, die mit unseren Vorstellungen von Humanität nicht übereinstimmen. Dies bedeutet, dass eine Politik der Kreativität eben nicht bloß die Kultur- und Wirtschaftspolitik berühren, sondern dass sie entscheidend auch in anderen Politikfeldern wie etwa der Schul- und Bildungspolitik berücksichtigt werden muss. Es geht also nicht bloß um neue Arbeitsmärkte und ein verändertes Urheberrecht angesichts einer Mediengesellschaft, es geht um die letztlich entscheidende Frage, wie wir leben wollen.

6 Slogans und Leitformeln in der Praxis

Zusammenfassung und Schlussfolgerungen

1. Kunst und Kultur sind nicht statisch, sondern ständig in der Entwicklung. Das bedeutet, dass neue Felder, neue Berufe und Arbeitsmöglichkeiten entstehen und von der Kulturpolitik berücksichtigt werden müssen.
2. Wenn es uns gelingt, neue Beschäftigungsmöglichkeiten in der Kulturwirtschaft zu schaffen, wenn es uns gelingt, die Industriegesellschaft erfolgreich in eine Dienstleistungsgesellschaft zu überführen, wenn die Kulturwirtschaft eine Chance bietet, eine neue Lebendigkeit in den Städten zu produzieren, dann müssen wir diese Entwicklung unterstützen.
3. Wenn wir sehen, dass „Kreativität" als neue Leitformel in der Kulturpolitik die Überzeugungskraft entfaltet, die wir uns von ihr erhoffen, dann sollten wir sie auch nutzen.
4. Skeptisch bin ich allerdings gegenüber den allzu großen Hoffnungen, dass mit Hilfe der Kreativität und der der Kulturwirtschaft nunmehr auch ein neues, humaneres und gerechteres Gesellschaftsmodell entstehen wird. Wir werden sicherlich eine neue Form des Kapitalismus erhalten, der neue Herausforderungen und Anforderungen an die menschliche Subjektivität mit sich bringt. Aber wir müssen sehen, dass Kreativität in diesem Kontext zu anderen höchst umstrittenen Konzepten wie Mobilität, Flexibilität und Employability gehört.
5. Das bedeutet, dass wir nach wie vor als zentrale Aufgabe von Bildung und Erziehung sehen müssen, starke Personen und Persönlichkeiten entwickeln zu helfen, die mit diesen neuen Herausforderungen souverän umgehen können. Dies bedeutet, dass Kulturpolitik insbesondere auch eine Verantwortung auch im Bereich der Bildungspolitik hat.
6. Um auf das eingangs zitierte Motto des UNCTAD-Reports Creative Economy zurückzukommen, der große Hoffnungen im Hinblick auf Einkommen, Jobs, sozialen Zusammenhang, Vielfalt und menschliche Entwicklung setzt, so wird man sehen, dass all dies zwar wünschenswerte Ziele sind, dass aber die Entwicklung auch in eine völlig andere Richtung gehen könnte. Es könnte sein, dass wir eine junge dynamische, kreative Klasse von Berufstätigen mit einer hohen Mobilität und Flexibilität bekommen, die allerdings alle keine Familie haben werden. Und es könnte sein, dass wir ältere Menschen haben, die keine Lust mehr haben, nur noch mobil und flexibel zu sein. Dies bedeutet aber, dass es zu einer neuen Spaltung in der Gesellschaft kommen könnte.
7. Ich bin davon überzeugt, dass wir es zukünftig mit einer neuen Form des Kapitalismus zu tun haben werden, in dem die Kreativwirtschaft eine sehr große Rolle spielen wird. Damit ist allerdings das Problem der humanen

Entwicklung einer menschlichen Gesellschaft noch lange nicht gelöst. Nach wie vor wird es speziell für die Kulturpolitik die Aufgabe geben, ihren Beitrag zur Humanisierung und Kulturalisierung der Welt zu leisten. Wir werden dynamische Teile in unserer Gesellschaft, speziell in unserer Wirtschaft haben. Doch wir werden nach wie vor Bereiche der Kontemplation, der Muße und der Selbstreflexion benötigen. Dies bedeutet aber auch, dass wir Felder brauchen, in denen es Künste gibt, die nicht nach den Prinzipien der Marktwirtschaft funktionieren.

6.5 Der „aktivierende Kulturstaat" – Zur Ambivalenz einer aktuellen Leitformel

Pius Knüsl, Chef von pro helvetia, machte bei dem Forum „Kultur und Ökonomie" am 06.3.2008 in Bern, aus seiner ambivalenten Bewertung des Enquête-Berichtes kein Geheimnis: Einerseits Bewunderung für die fast enzyklopädische Arbeit, andererseits aber auch großes Unbehagen wegen der fast 500 Handlungsempfehlungen. Unbehagen deshalb, weil er hier eine Regelungswut am Werke sah, die dem Anliegen der Kulturpolitik möglicherweise eher entgegensteht. Nun kann man Pius Knüsl zwar ein wenig beruhigen. Denn die meisten der Handlungsempfehlungen wollen keine neuen Ordnungsstrukturen schaffen, sondern vielmehr schon bestehende verändern, in der Regel sogar im Hinblick darauf, den Verwaltungsaufwand zu vereinfachen. Doch berührt die Kritik einen empfindlichen Punkt in der Kulturpolitik: Die Frage nämlich, wer mit welchen Mitteln und mit welchem Ziel steuert. Wird überhaupt gesteuert, darf vielleicht überhaupt nicht gesteuert werden?

Der Enquête-Bericht bezieht sich einleitend auf den weiten Kulturbegriff der UNESCO aus dem Jahre 1982 (Weltkonferenz in Mexiko). Doch handelt der Rest des Berichtes fast ausschließlich von dem „Handlungsfeld Kultur" und hier im wesentlichen von dem Kunstbetrieb. Dies gilt selbst dort, wo von Brauchtum die Rede ist (Abschnitt 3.3.41). Denn auch hier geht es um Orchester, Chöre und Theatergruppen (190). Dies ist natürlich sinnvoll, denn trotz Mexiko sind es überwiegend die Künste, sind es die KünstlerInnen und die Kunsteinrichtungen, die die Kulturpolitik beschäftigen und die die öffentlichen Kuluretats weitgehend aufbrauchen. Geht es aber um Kunst, dann wird die Frage nach Steuerung, die zugleich eine Frage nach Macht und Kontrolle ist, noch spannungsvoller. Denn immerhin gibt es eine grundgesetzliche Garantie der Kunstfreiheit, ist die Rede von einer „Kunstautonomie" sehr verbreitet.

Nicht bloß in den Künsten: Auch in der Kulturpolitik findet man diese Scheu vor Fragen der Macht. Denn es gehört zu einem ständigen Ritual der Kul-

6 Slogans und Leitformeln in der Praxis

turpolitiker, zu versichern, dass sie sich nie und nimmer in Kunstabläufe einmischen wollen. Man spricht etwa verharmlosend von der „Kulturpolitik als Moderation", ganz so, als ob die dem Subsystem Politik zugewiesene Aufgabe, Entscheidungen herbeizuführen und Verantwortung für diese zu übernehmen, für die Kulturpolitik nicht gilt. Natürlich ist all dies bestenfalls ein frommer Selbstbetrug, im schlimmeren Fall pure Ideologie. Wie jede Politik steuert auch Kulturpolitik. Und sie steuert nicht nur mit den bekannten Steuerungsmedien Gesetz und Geld, sie hat als legitimes weiteres Steuerungsmittel die Beeinflussung der öffentlichen Aufmerksamkeit und Meinung. Es ist deshalb auch ein Beleg für die Modernität der neuen UNESCO-Konvention zur kulturellen Vielfalt, dass sie gezielt dieses Machtmittel der öffentlichen Bewusstseinsbildung in einem eigenen Artikel (Art. 10) aufgenommen hat. Und im Vorgriff auf die weiteren Ausführungen: Es ist auch kein Zufall, dass sich diesem unmittelbar ein Artikel anschließt, der die Rolle der Zivilgesellschaft als wichtiger Akteur bei der Umsetzung der Konvention hervorhebt.

Kulturpolitik ist also Politik und hat es daher mit Macht und Einfluss zu tun. Und dies auch deshalb, weil jeder Politiker zumindest intuitiv weiß, welches Machtmittel die Künste in der Gesellschaft darstellen. Zwar beklagt Yvonne Ehrenspeck kenntnisreich die „Versprechungen des Ästhetischen" (1998), also all die vollmundigen Behauptungen von – i.d.R. positiven – Wirkungen, die man den Künsten in Hinblick auf den Einzelnen und die Gesellschaft zuspricht (auch hierzu gab es ein Expertengespräch der Enquête-Kommission am 11.12.2006). Doch muss man immer wieder an den französischen Kultursoziologen Pierre Bourdieu (1987) erinnern, der gezeigt hat, dass eine Wirkung des Umgangs mit den Künsten wirklich überzeugend belegt ist: Dass diese nämlich die entscheidenden Ursachen dafür sind, dass sich die – in den Augen Bourdieus: ungerechten – gesellschaftlichen Macht-Verhältnisse nicht ändern. Denn die ästhetischen Präferenzen sind aufs engste mit dem politischen und sozialen Platz in der Gesellschaft verbunden, so dass die individuelle kulturelle Praxis als Nebenertrag auch eine klammheimliche Einordnung in das Macht- und Ohnmachtsgefüge der Gesellschaft bewirkt, die sich aufgrund der familien- und lagebezogenen ästhetischen Sozialisation von Generation zu Generation im wesentlichen unverändert vererbt. Künste sind eben auch Medien gesellschaftlichen Strukturerhalts. Sie sind daher ein Machtmittel von durchschlagender Wirksamkeit, so dass kein Politiker auf den Versuch verzichten kann, sie steuern zu wollen. Und dies geschieht auch ständig: Durch Mittelvergabe, durch Personalentscheidungen bei Kultur-Einrichtungen, durch Schaffung entsprechender Rahmenbedingungen. Natürlich sind Künste und Künstler immer auch widerborstig, entziehen sich einer allzu glatten Funktionalisierung, machen sie allerdings gelegentlich dann doch sehr gerne mit.

Der Umgang mit Künsten ist also ein Machtspiel, so dass sich die Frage lohnt, wer hierbei eine Rolle spielt, wer die Akteure in diesem Spiel sind. In dieser Hinsicht befindet der Enquête-Bericht sich auf dem aktuellen Stand der Diskussion: Er unterscheidet die drei Hauptbereiche, aus denen kulturpolitische Akteure stammen: den öffentlichen Bereich (Staat und Kommunen), die Wirtschaft und die Zivilgesellschaft. Es ist dabei durchaus ein Bemühen zu sehen, alle drei Bereiche mit ihren spezifischen Rollen und Aufgaben angemessen zu berücksichtigen. So spricht man (S. 86) von einer „Verantwortungsgemeinschaft mit Dritten", weist zu Recht auf Traditionen in der Jugendpolitik hin, in der die Autonomie freier Träger sogar rechtlich abgesichert ist (vgl. Fuchs 2007). Trotzdem werden in meiner Wahrnehmung die drei Bereiche nicht gleichberechtigt berücksichtigt. Es gibt vielmehr eine starke Betonung der Kulturpolitik der öffentlichen Seite. Aus der Sicht der organisierten Zivilgesellschaft will ich diese These – durchaus parteilich – an zwei Beispielen belegen: der Verwendung des „Leitbildes des aktivierenden Kulturstaates" (52) und den sich auf dieses Konzept beziehenden Erläuterungen zur „Governance" (93ff.).

Die „Staatslastigkeit" der Sichtweise des Berichtes wird bereits bei den grundlegenden Erörterungen über Kulturpolitik (Kap. 2) deutlich. Zwar übernimmt der Enquête-Bericht netterweise den Titel meines schon älteren Buches über Kulturpolitik (1998), doch geht man bei der weiteren Verwendung von „Kulturpolitik" immer davon aus, dass die öffentliche Seite Motor und Hauptakteur ist: „Dabei kann Kulturpolitik für die Vermittlung zwischen den verschiedenen am Kulturprozess beteiligten Akteure (Künstlern, Kulturschaffenden, freien Trägern) ebenso sorgen, wie sie freie Institutionen, Künstlerorganisationen, Verbände etc. einbeziehen kann." Dieser Satz macht nur dann Sinn, wenn die erwähnte „Kulturpolitik" das ist, was die öffentliche Seite tut, die dann freundlicherweise andere mit einbezieht. Dass kulturpolitische Diskurse von den genannten nicht öffentlichen Trägern durchaus eigenständig geführt werden und diese ihrerseits gelegentlich die öffentliche Hand einbeziehen, dies kommt den Autoren dieses Textes offenbar nicht in den Sinn. So heißt es auch konsequent in der Überschrift 2.1.3 „kulturpolitischer Diskurs mit gesellschaftlichen Akteuren". Es ist also völlig klar, wer den Diskurs aktiv führt und sich dann großzügig zu den „gesellschaftlichen Akteuren" begibt. Dies ist in der Tat das Leitbild des „aktivierenden Staates", der nur so gedacht werden kann, dass er sich im Zentrum des Handelns sieht und andere nach eigenem Gutdünken mit einbezieht. Zu Recht – und aufgrund der grundsätzlichen staatskritischen Position des politischen Liberalismus verständlich – weist Fußnote 2 (S. 52) einen Protest der FDP aus. Denn es gehört zu den guten Traditionen des politischen Liberalismus, den Einzelnen vor Einmischungen eines allmächtigen Staates zu schützen.

6 Slogans und Leitformeln in der Praxis

Woher kommt dieses im Bericht forcierte Konzept des „aktivierenden Kulturstaates"? Der Kulturstaatsbegriff stammt aus dem späten 19. Jahrhundert und ist eng verbunden mit der Bewegung des Kulturprotestantismus. Im Anschluss an die Staatstheorie von Hegel gab es eine große Nähe zwischen dem organisierten Protestantismus und dem preußischen Obrigkeitsstaat, wobei ersterer sich als verbindliche geistige Grundlage des letzteren sah („Leitkultur"). Diese Sichtweise hatte bis in die Weimarer Zeit Folgen, als nämlich in durchaus ehrenwerter Absicht der kurzzeitig in die Politik gegangene evangelische Theologe Ernst Troeltsch zusammen mit Eduard Spranger das Konzept einer „Kulturpädagogik" entwickelte. Es ging dabei darum, den zukünftigen Gymnasiallehrern eine eindeutig vorgegebene Vorstellung „deutscher Kultur" als Sinnhorizont für Beruf und Leben mitzugeben. Dieses Anliegen ist bereits im Ansatz gescheitert, obwohl es noch gelungen ist, mit Theodor Litt einen Hochschullehrer zu finden, der das Format für die Realisierung dieses ambitionierten Sinnstiftungsprogramms von oben hatte. Der Staat in diesem Verständnis ist nicht bloß verantwortlich für ein geregeltes Zusammensein der Bürger, sondern fühlt sich auch für den Sinnhaushalt seiner Untertanen zuständig. Kulturpolitik wird konsequent in dieser Perspektive – so der damalige Kulturminister Carl Heinrich Becker – verstanden als „bewusste Einsetzung geistiger Werte im Dienste des Volkes und des Staates zur Festigung im Inneren und zur Auseinandersetzung mit anderen Völkern nach außen." (Reinhard 1999, S. 88).

Das Attribut „aktivierend" ist sicherlich positiv besetzt, denn wer wollte in der heutigen Zeit nicht aktiv sein. Ein geistiger Hintergrund dieser Begrifflichkeit ist dabei die Diskussion über den Kommunitarismus, der – bei aller Vielfalt der Ansätze – die kleine Gemeinschaft stützen und der Staatsinterventionen abbauen will. Hier konnte dann auch die Bewegung zu einer Verstärkung des bürgerschaftlichen Engagements ansetzen. Ein Anliegen ist bei allen Unterschieden im Einzelnen ein Rückzug des Staates („Umbau" des Sozialstaates, der in der Realität stets ein Abbau ist), wobei der Staat seine Einflussnahme allerdings durchaus beibehalten, vielleicht sogar noch vergrößern will.

Besondere Prominenz erhielt die Aktivierungsrhetorik durch Bodo Hombach, Autor des Schröder-Blair-Papiers und einer der wichtigsten Vordenker der Agenda 2010. Hier gehört der Begriff in den geistigen Kontext von Begriffen und Slogans wie „Unternehmer der eigenen Arbeitskraft", der Ich-AG, des Forderns und Förderns, kurz: der neoliberalen Wende der Sozialdemokratie (und anderer Parteien). Immerhin hat sich inzwischen die SPD in ihrer Programmatik von dem Konzept des „aktivierenden Staates" verabschiedet und spricht nunmehr von dem „vorsorgenden Staat". Es ist hier nicht der Platz, um die Implikationen des Neoliberalismus als das tatsächliche Leitbild, das hinter dieser Begrifflichkeit steckt, aufzuzeigen (vgl. Deutscher Kulturrat: Konzeption kulturelle

Bildung III, S. 257 ff.). Insgesamt geht es darum, gesellschaftlich produzierte Risiken (u.a. Wirtschaftskrisen) in die Verantwortung des Einzelnen abzuschieben. Dabei kann man natürlich durchaus der weltanschaulichen Überzeugung sein, dass diese Sicht auf Wirtschaft, Gesellschaft und Kultur die Richtige ist. Interessant ist jedoch, dass offenbar alle Mitglieder der Enquête-Kommission mit der Übernahme dieses Konzeptes von Staat und Kulturpolitik sich einig sind: Es geht um einen sich zurückziehenden Staat, der jedoch die Zügel auch weiter in der Hand behalten will.

Diese Tendenz findet sich auch in dem Abschnitt 3.1.1 über „Organisationsformen und Steuerungsmodelle". Der Bericht greift hier das moderne Konzept der „Governance'" auf. Dieses Konzept wird in eine Traditionslinie des New Public Managements und des seit den 90er Jahren eingeführten Neuen Steuerungsmodells gestellt. Es geht um ein zeitgemäßes Management in einer modernen Verwaltung, es geht um die Beseitigung von „Steuerungsdefiziten zwischen Politik und Verwaltung" (92), um ein neues Verwaltungsleitbild. Auch hier ist die Perspektive die der öffentlichen Verwaltung als Motor und zentraler Organisationsmacht: „Ziel einer öffentlichen Verwaltung muss es daher sein, die unterschiedlichen staatlichen und nichtstaatlichen Aktivitäten zu organisieren." (S. 93). Dies ist hoheitliche Staatsauffassung in Reinkultur, die im Staat und nur im Staat den Motor aller Bewegung sieht. Aber trifft diese Sichtweise die realen Entwicklungen? Man muss sich nur die kulturpolitischen Aktivitäten auf Bundesebene in den letzten Jahren ansehen, um festzustellen, wie wenig dieser Ansatz mit der Realität zu tun hat. Die Auseinandersetzung um das GATS-Abkommen, das zivilgesellschaftliche Engagement für die Konvention zur kulturellen Vielfalt, die Besteuerung ausländischer KünstlerInnen – dies sind nur wenige Beispiele dafür, dass die Zivilgesellschaft nicht auf die „organisierende Kraft der Verwaltung" gewartet hat, bevor sie initiativ wurde. In einigen Fällen musste man vielmehr Politik und Verwaltung zum Jagen tragen. Es gibt also – freundlich gesagt – erhebliche Einseitigkeiten in der Realitätswahrnehmung, was sich auch an der einseitigen Rezeption der Debatte über Governance belegen lässt.

Natürlich gibt es die beschriebene Traditionslinie bei der Verwendung dieses Konzeptes. Es gibt jedoch auch völlig andere Entwicklungsströmungen und Traditionen. So hat die Europäische Union im Jahre 2001 ein Weißbuch „European Governance" vorgelegt, weil den Verantwortlichen bewusst war, dass es ein erhebliches Demokratiedefizit in der EU gibt. Ein Thema war eine deutliche Verbesserung der Partizipation nichtstaatlicher Organisationen. Dabei ging es nicht bloß um NGO's. Auch die Kommunen beklagen seit langem eine mangelhafte Einbindung (vgl. Positionspapier des Deutschen Städte- und Gemeindebundes vom November 2001 zu diesem Weißbuch). Es geht bei Governance eben nicht nur um eine technische (technokratische?) Optimierung von Verwaltungsabläufen, sondern es geht vielmehr um Grundfragen der Demokratie. Dies wird noch deutlicher in den Debatten in den Vereinten Nationen. So hat der damalige UN-Generalsekretär Kofi Annan eine Gruppe von „eminent persons" unter der Leitung des ehemaligen brasilianischen Staatspräsidenten Fernando Cardoso berufen, die die Rolle der Zivilgesellschaft im UN-Kontext klären sollte. Das Ergebnis bestand darin, dass kaum ein wichtiges Thema wie Armut, Menschenrechtsverletzungen und Gewalt oder Naturzerstörung ohne die internationalen NGO's auf die Tagesordnung der UN gekommen wären. Auf die Mitgliedsstaaten und deren (Regierungs-)Vertreter war bei diesen Fragen wenig Verlass. „Governance" und vor allem Good Governance heißt hier ein Handeln, das das Spektrum der Akteure erheblich über den Staat hinaus ausdehnt.

Dies ist auch eine der Grundbotschaften der Konvention zur kulturellen Vielfalt. Man darf es deutlich sagen: Es gibt weltweit ein erhebliches Misstrauen gegenüber dem (jeweiligen) Staat, dass dieser auch wirklich das Richtige auf die richtige Weise tut. Eine Optimierung des Verwaltungshandelns, so wie es dem Tenor des Enquête-Berichtes entspricht, ist natürlich wünschenswert. Aber beide Konzepte, das des „aktivierenden Kulturstaates" in seiner engen Verbindung mit einer spezifischen Verständnisweise von „Governance", klingen möglicherweise modisch und aktuell, sind aber mit ihrer ideologischen Erblast und in der verengten Verwendungsweise kaum hilfreich bei der Entwicklung eines modernen Verständnisses von Kulturpolitik, die sich als gesellschaftliche Aufgabe versteht. Daher ist der Bericht der Enquête-Kommission sicherlich gut für eine veränderte und modernisierte Auffassung der öffentlichen Seite der Kulturpolitik: Gerade in ihren programmatischen Aussagen kann sie aufgrund der Vernachlässigung der zivilgesellschaftlichen Seiten jedoch nicht als „Bibel der Kulturpolitik" gesehen werden. Allerdings hat – dies mildert die Kritik – all dies wenig Einfluss auf die Beurteilung der restlichen Teile des Berichtes und vor allem auf die Handlungsempfehlungen. Diese kommen völlig ohne Bezug auf die genannten problematischen Konzepte aus und stehen für sich, so dass die bisherige Beurteilung der entsprechenden Handlungsempfehlungen durch die Fachöffentlichkeit zurecht durchweg positiv ist. Dies gilt auch für die meisten der Empfehlungen des hier diskutierten Abschnittes.

6.6 Leitformeln im Koalitionsvertrag 2008

Man kann gute Gründe dafür finden, dass es nicht die rhetorischen Elemente und Leitformeln sind, die in einem Text wie dem Koalitionsvertrag das Wichtigste sind. Da interessieren doch schon sehr viel mehr die konkreten Angaben darüber, wie es in der Steuer- und Sicherheitspolitik, in der Wirtschafts- und Sozialpolitik weitergehen soll. Und trotzdem ist es vielleicht nicht uninteressant, sich die zentralen Begriffe und Leitbilder anzuschauen: Unter welche globalen Perspektiven werden Einzelmaßnahmen gestellt, mit welchen Begriffen beschreibt man diese Vorstellungen – und auf welche Begriffe, die noch vor kurzem diese Aufgabe erfüllt haben, verzichtet man. Solche generellen Aussagen und Leitformeln findet man in der Gesamtüberschrift, in der Anordnung und in den Überschriften der Kapitel und in den ersten Zeilen eines jeden Kapitels.

Die Programmatik beginnt bereits bei der Überschrift. Dass Wachstum – also die Wirtschaftspolitik – an zentraler Stelle sowohl in der Überschrift („Wachstum, Bildung, Zusammenhalt") als auch in der Kapitelanordnung steht, verwundert angesichts der Herkulesaufgabe, die sich in diesem Feld stellt, niemanden. Dass aber Bildung und Zusammenhalt, also eher weiche Themen, diese Prominenz erhalten, ist neu. Und dies setzt sich fort. Bereits in der ersten Textzeile wird als „wirtschaftpolitische Leitlinie" die Soziale Marktwirtschaft benannt. Es ist also nicht von Neuer Sozialer Marktwirtschaft die Rede, so wie es Angela Merkel seinerzeit bei dem Leipziger Parteitag als neue Linie durchsetzen wollte. Dabei wird diese alte Leitidee als bloß wirtschaftspolitische Leitlinie unter Wert verkauft. Denn es geht hierbei um einen vollständigen Gesellschaftsentwurf, ganz so, wie es die Betonung von „Bildung" und „Zusammenhalt" im Gesamttitel zeigt. Dazu passt, dass das große Kapitel III: Sozialer Fortschritt, anders als die anderen Kapitel keine eigene programmatische Formel hat. Man hält offensichtlich das zentrale Bekenntnis zur Sozialen Marktwirtschaft am Anfang des Textes gerade auch in diesem Feld für ausreichend. Dieser bewusste Anschluss an ein früheres Erfolgsmodell wird gezielt verstärkt durch die Kapitelüberschrift „Wohlstand für alle". Dies ist der Titel eines Buches von Ludwig Erhard, dem politischen „Vater" dieses Konzeptes, aus dem Jahre 1957.

Es lohnt sich, an die geistigen Ursprünge dieser Vision zu erinnern. Entstanden ist sie als Reaktion auf die Weltwirtschaftskrise Ende der Zwanziger Jahre. Sie war ein Protest gegen den Manchester-Liberalismus, der nach Meinung fast aller Experten zu dem Zusammenbruch der Weltwirtschaft geführt hat. Gegen einen unbegrenzten Markt – man sprach bereits von „Neoliberalismus", der zu bekämpfen war – wollte man einen staken Staat setzen, der für eine gute soziale Absicherung der Risiken sorgte und der der Wirtschaft die Spielregeln vorgab. Dieter Haselbach spricht in seiner hervorragenden Analyse von einem „Autoritären Liberalismus" (1991). Der Kreis der Gelehrten die diese Konzeption entwickelten und vertraten, war denkbar bunt: Während Müller-Armack sich problemlos dem Nazistaat zur Verfügung stellte, ging Rüstow aus Protest ins Exil nach Istanbul, wo ein modernisierungswilliger türkischer Staat vielen europäischen Gelehrten eine Zuflucht bot. Zum Teil ordnete sich dieser Denkansatz in die kulturpessimistische (und konservative) Kapitalismuskritik seit der Jahr-

6 Slogans und Leitformeln in der Praxis

hundertwende ein. So liegen aus dem engeren Kreis der Akteure z. T. mehrbändige Zeitdiagnosen und Kulturphilosophien vor. Das Konzept der Sozialen Marktwirtschaft ist nämlich überaus anspruchsvoll im Hinblick auf seine geistigen Grundlagen, wobei gerade die – auch personellen – Verbindungen zur katholischen Soziallehre deutlich sind.

Während also die heutige CDU mit diesem Konzept an ihre geistigen Wurzeln anschließt, ist es für die FDP erheblich schwieriger. Als Partei der Bürgerrechte muss sie ebenso in ein Spannungsverhältnis zu Ideen eines starken Staates geraten wie als (neoliberale) Wirtschaftspartei. Ihre ebenfalls existierende sozialliberale Traditionslinie, die in der deutschen Geschichte gut verankert ist – etwa in der DDP der Weimarer Zeit – hat dagegen keine Probleme mit dieser sozialstaatlichen Ausrichtung. Das heißt, dass Auseinandersetzungen in der FDP vorprogrammiert sind, da Richtungsunterschiede in einer handelnden Regierungspartei nicht mehr so leicht rhetorisch überspielt werden können wie in einer Oppositionspartei.

Zu der Traditionslinie der Sozialen Marktwirtschaft passt auch die Zusammenlegung der Themen Jugend, Familie, Ehrenamt, Soziales, Gesundheit, Religion, Geschichte und Kultur in einem einzigen Kapitel, wobei Bildung in einem gesonderten Kapitel behandelt wird. Zu letzterem ist positiv anzumerken, dass – anders noch als rund um den missglückten „Bildungsgipfel" der Großen Koalition, wo die Kanzlerin noch vollmundig von Deutschland als einer (bereits existierenden) „Bildungsrepublik" gesprochen hat – nunmehr bescheiden unser Land „auf den Weg zu einer Bildungsrepublik" gebracht werden soll. Dies deckt sich doch sehr viel mehr mit den Ergebnissen der ständigen Evaluationen des deutschen Bildungswesens gerade in Hinblick auf misslingende Integration, auf den weltmeisterlich hohen Zusammenhang von Herkunftsfamilie und Schulerfolg. Warum dieses gute Ziel mit völlig unrealistischen Superlativen konkretisiert werden muss (es müssen gleich die besten Schulen, Hochschulen und KiTas sein), ist mir allerdings unverständlich. Mir würde schon ein guter Mittelplatz ausreichen, bei dem jedoch das erwähnte „Bürgerrecht Bildung" vollständig und ohne Diskriminierung ganzer Bevölkerungsgruppen umgesetzt werden würde. Immerhin sagt der Koalitionsvertrag implizit in diesem Zusammenhang, welcher Fehler mit der letzten Föderalismusreform (und Grundgesetzänderung) gerade in der Bildungs- und Kulturpolitik angestellt wurde, bei der der Bund weitgehend auf seine diesbezüglichen Kompetenzen verzichtete. Der Widerspruch zu dieser – vermutlich bald wieder aufzuhebenden – Änderung besteht etwa in der Idee der Bildungsgutscheine, mit denen der Bund erneut (grundgesetzwidrig) bis auf die lokale Ebene fördern will. Zur Vision der Sozialen Marktwirtschaft gehört nämlich die Grundidee, die in den sechziger und siebziger Jahren von den sozialliberalen Regierungen durchgesetzt wurde: Aufstieg durch Bildung. Würde die konservative Partei hier auch noch auf die international völlig indiskutable Dreigliedrigkeit des deutschen Schulsystems verzichten, wäre sehr viel Leid aus der Welt gebracht.

Kapitel III (Sozialer Fortschritt) fällt wie erwähnt dadurch auf, dass kein eigenes Kapitel-Leitbild formuliert wird. Es fällt zudem auf, dass man auf die in den letzten Jahren beliebte, aber höchst umstrittene Aktivierungsrhetorik (aktivierender Sozialstaat, aktivierender Kulturstaat etc.) verzichtet hat. Das ist gut so. Denn eine genauere Analyse des dahinterstehenden Menschenbildes und Politikverständnisses zeigt, dass durch diese Staatsideologie des Aktivierens, wenn sie praktisch umgesetzt wird, eine Grunderrungenschaft der europäischen „Leitkultur" (hier trifft der Begriff tatsächlich zu), nämlich das Konzept des autonomen Individuums, zerstört wird. Denn es soll in einer solch „aktivierenden" Politik der Einzelne in die Verantwortung genommen werden für die Übernahme und Lösung gesellschaftlich produzierter Risiken. Es zielt dabei die ganze Politik des Forderns und Förderns darauf ab, ihn bloß wieder als Rädchen des eigentlich wichtigen Wirtschaftskreislaufs funktionsfähig zu machen (Lessenich 2008). Dies ist das genaue Gegenteil einer Politik des Liberalismus und der Sozialen Marktwirtschaft, bei der das Individuum und dessen Wohlergehen im Zentrum der Politik steht. Eigentlich müssten sich hierauf alle demokratischen Parteien einigen. Denn auch die Traditionslinie eines „ethischen Sozialismus" in der Sozialdemokratie beruft sich auf Kant mit seiner zentralen Forderung, dass der Einzelne niemals Zweck für etwas anderes sein dürfe.

Die Zusammenlegung der genannten heterogen erscheinenden Politikfelder in einem gemeinsamen Kapitel („Sozialer Fortschritt") hat eine lange Tradition in Deutschland, die bis in die Anfänge einer öffentlichen Sozial-, Bildungs- und Kulturpolitik unter dem Titel einer guten „Polizey" bis ins frühe 19. Jahrhundert zurückreicht. Lorenz von Stein, konservativer Sozialreformer, der bereits vor Marx und Engels die entstehende Industriegesellschaft als spannungsvolle Klassengesellschaft charakterisiert hat, ist hier zu nennen. Die damals entscheidende Frage, die sich in ähnlicher Weise heute wieder stellt, betrifft das Verhältnis des Einzelnen zur Gemeinschaft. Damals brachen die Traditionen der Ständegesellschaft weg, so dass sich das Integrationsproblem als Grundproblem für Pädagogik, Kultur und Politik erstmals mit Vehemenz stellte. Heute verändert der Kapitalismus – auch aufgrund der digitalen Revolution – erneut sein Wesen, so dass sich wiederum das Integrationsproblem stellt: Wie müssen heute angesichts des „flexiblen Kapitalismus" (Sennett) die Subjekte beschaffen sein, wenn sie noch die Vision einer autonomen Lebensgestaltung aufrechterhalten wollen? Vor diesem Hintergrund wird sogar verständlich, dass Kinder- und Jugendpolitik auch in der Koalitionsvereinbarung wieder vor allem Familienpolitik ist, da man die Hoffnung hat, diese ehemals zentrale Sozialisationsinstanz stärken zu können.

6 Slogans und Leitformeln in der Praxis

Ob sich allerdings das Rad der Zeit zurückdrehen oder zumindest aufhalten lässt, ist zweifelhaft. Weiter würde an dieser Stelle eine Neukonzeptionierung der Jugend- (Kultur- und Bildungs)-Politik führen, so wie sie das Bundesjugendkuratorium der letzten Regierung (als Kombination von Unterstützung, Befähigung, Teilhabe und als Generationenpolitik) vorgeschlagen hat („Zur Neupositionierung von Jugendpolitik", Mai 2009).

Die ursprüngliche Idee eines sozialen Staates, so wie sie sich heute noch in angelsächsischen Ländern findet, wo Bildungs- und Kulturpolitik selbstverständlicher Teil einer entsprechend verstandenen Sozialpolitik als einer Politik des Sozialen sind, wurde auch so in Deutschland in der ersten Hälfte des 19. Jahrhunderts entwickelt. Dabei wurde der Aspekt der Integration und Vergesellschaftung des Einzelnen stark überlagert durch die lange Zeit fehlende politische Integration. Auch hier greift der Koalitionsvertrag auf ein altes Leitbild, nämlich die Idee einer (europäischen) „Kulturnation" zurück. Dieser Begriff muss heute die multiethnische Zusammensetzung der Bevölkerung in Deutschland berücksichtigen, kann sich also nicht mehr auf scheinbar sichere Traditionen einer „deutschen Leitkultur" beziehen. Doch scheint mir diese semantische Neujustierung sehr viel leichter zu sein als eine entsprechende demokratische Umdefinition des autoritären Kulturstaatsbegriffs.

Die Notwendigkeit einer Aktualisierung historischer Begriffe stellt sich natürlich bei allen verwendeten Konzepten. Auch die durchaus emanzipatorisch gemeinte Wohlfahrtspolitik von Lorenz von Stein wurde in der Traditionslinie von Carl Schmitt und Ernst Forsthoff missbraucht, die einen autoritären Staat mit einer starken Verwaltung wollten. Politisch scheint mir dies allerdings zunehmend ein Hauptproblem zu sein: Die schleichende Aushöhlung der Demokratie und hierbei der Parlamente durch eine übermächtige Exekutive in Berlin und Brüssel, wobei es in dieser Exekutive weniger die politische Leitung, sondern vielmehr der Verwaltungsapparat der Ministerien ist, der die Macht ergriffen hat. Ein Slogan wie „Wir wollen mehr Demokratie wagen!" wäre also durchaus angebracht, wobei er heute eine deutlich anti-etatistische Stoßrichtung haben müsste, die neben den Parteien gerade auch die demokratisch verfassten zivilgesellschaftlichen Organisationen stärkt. Leider findet sich zu diesem Thema einer „Weiterentwicklung der Demokratie" recht wenig (am ehesten noch in Kapitel IV: Freiheit und Sicherheit). Möglicherweise liegt hier sowohl zwischen CDU und FDP als auch innerhalb der FDP das größte Konfliktpotential. Denn das Spannungsverhältnis zwischen Sicherheit (und einem starken Staat, der diese garantieren will) und Freiheit (und einem Staat, der seine Stärke darin sieht, sich nicht ständig in alle Belange des Lebens der Bürger einmischen zu wollen) wird eher noch größer werden, konkret: Der Konflikt zwischen Justiz- und Innenministerium ist vorprogrammiert.

Wenn vorsichtig ein Fazit gezogen werden soll, so könnte man sagen: Die CDU ist wieder näher an ihre Wurzeln gerückt. Obwohl scheinbar die FDP an Stärke gewonnen hat, ist der Koalitionsvertrag – zumindest in seinen Leitbildern – eher christdemokratisch imprägniert. Es könnte sein, dass die zukünftigen innerparteilichen Richtungskämpfe in der FDP die zwischenparteilichen Auseinandersetzung sogar noch überlagern. Denn beide Richtungen der FDP, die Bürgerrechts- und die Wirtschaftpartei, stellen prominente Vertreter in der Regierung. Die CDU hat jedenfalls mit diesem Dokument allen Grund zur Gelassenheit. Die SPD als Oppositionspartei könnte daraus lernen, dass man nicht ungestraft Parteitraditionen verletzen darf, sondern es sich vielmehr lohnt, das eigene Profil mit sozialer Gerechtigkeit im Zentrum zu schärfen.

7 Slogans und Leitformeln und die Grundlagen von Kulturpolitik – eine explorative Fallstudie

Vorbemerkung und Überblick

Slogans und Leitformeln haben einen praktischen Nutzen. Sie sind praktisch unvermeidbar für eine erfolgreiche Kulturarbeit und Kulturpolitik. Einige Hilfsmittel zur Analyse erfolgreicher Slogans und Leitformeln wurden im ersten Teil vorgestellt. Im zweiten Teil habe ich einige Beispiele aus der Praxis gezeigt.

In diesem letzten Teil will ich einen Schritt weitergehen und in einer eher explorativen Studie zeigen, wie das Studium von Slogans zum Zwecke einer (Analyse der) theoretischen Grundlegung von Kulturpolitik genutzt werden kann. Im Mittelpunkt steht dabei erneut der Begriff des „Kulturstaats Deutschland" (Beispiel 6.5 in Kap. 7). Dieser Teil ist zwar etwas stärker theoretisch angelegt. Er hat vielleicht dann einen unmittelbaren praktischen Nutzen, wenn er zu erkennen hilft, dass bei der Verwendung von zunächst einmal überzeugend erscheinenden Slogans und Leitformeln man sich durchaus einige Probleme einhandeln kann.

Dass die Ökonomie einen von der Politik zu schaffenden Rahmen braucht, muss man gerade heute angesichts der derzeitigen Finanzkrise und dem vehementen Ruf nach dem Staat, der es richten soll, nicht mehr begründen. Wirtschaft braucht also politische Grundlagen trotz einer nie ermüdenden Rhetorik, dass der Markt alles am besten ohne politische Eingriffe richten könne. Andererseits braucht aber auch der Staat eine funktionierende Wirtschaft, weil dort der Reichtum erzeugt wird, der die Basis des individuellen und gesellschaftlichen Wohlergehens ist. Der Staat als Steuerstaat tut daher beides: er steuert und er erhebt Steuern. „Interpenetration" nennt der Soziologe Richard Münch (1991) diese Interdependenz, diese wechselseitige Abhängigkeit der verschiedenen gesellschaftlichen Subsysteme Wirtschaft und Politik. Natürlich sind auch die bei Habermas „Lebenswelt" genannten Subsysteme Gemeinschaft und Kultur in diesem System wechselseitiger Abhängigkeit eingebunden. Einerseits gilt die (erweiterte) Formel des Verfassungsrechtlers Böckenförde, dass der Staat von Ressourcen lebt, die er nicht selbst erzeugt hat (etwa Werte). Dass dies für die Wirtschaft gilt, weiß man spätestens seit den Protestantismusstudien von Max Weber. Das Umgekehrte gilt allerdings auch: Auch die Lebenswelt braucht Unterstützung von Politik und Markt. R. Münch hat dies im Anschluss an T. Parsons in dem berühmten AGIL-Schema gezeigt. Dies ist die erwähnte „Interpenetration".

Allerdings gibt es seit der Entstehung der bürgerlichen Gesellschaft einen Streit darüber, wie die jeweiligen Anteile der Subsysteme am Gesamtgeschehen sind, wie viel Einfluss und Zuständigkeit insbesondere Staat bzw. Markt haben sollen. An dieser Grundfrage lassen sich bekanntlich die traditionell wichtigen politischen Hauptströmungen unterscheiden: Der Liberalismus, der auf die weitgehenden Selbststeuerungskräfte des Marktes hofft, so dass nur ein Minimalstaat notwendig ist (der allerdings gemäß klassischer liberaler Prinzipien organisiert sein sollte, v.a. Freiheit des Einzelnen). Mehr noch: Der Markt ist sogar insofern ein Heilsbringer, als er es schafft, aus individuellen Untugenden (Wille zu Reichtum) einen sozialen Nutzen zu schaffen. Es muss immer wieder daran erinnert werden, dass der Begründer der theoretischen Marktwirtschaft, Adam Smith, ein Moralphilosoph war und sein Anliegen nur in diesem Kontext zu verstehen ist. Andere Strömungen wie etwa der Sozialismus setzten dagegen auf eine weitgehende Steuerung der Wirtschaft durch den Staat.

All dies gibt den Rahmen für die folgenden Überlegungen. Hier geht es mir darum, nach den kulturellen Grundlagen von Kulturpolitik zu fahnden. Diese Formulierung mag auf den ersten Blick verwirrend erscheinen. Doch mag man sich verdeutlichen, dass Kulturpolitik ebenso wie andere Politikfelder von gesellschaftlich vorhandenen Grundüberzeugungen, Deutungsmustern, Sichtweisen, Werten etc. abhängig ist, will sie erfolgreich sein. Das Interesse an der Kulturpolitik besteht dabei darin, dass ihr Gegenstand, etwa der Umgang mit den Künsten, deren Einrichtungen und den Personen, die sie tragen, durchaus geeignet sein könnte, die oben erwähnte geistig-moralische Basis von politischem Handeln zumindest zu beeinflussen. Solche Fragen werden in der Geschichtswissenschaft etwa in dem Ansatz der Mentalitätsgeschichte untersucht. Zudem gibt es die „intellectual history", eine neue Variante der Geistesgeschichte, die Entstehung, Nutzung und Niedergang einflussreicher Denkformen und Deutungsmuster studiert (vgl. z. B. Nolte 1990). In der Sozialwissenschaft werden solche Fragen dort thematisiert, wo man sich um gesellschaftliches Bewusstsein oder um gesellschaftliche Psychologie kümmert. In der Politikwissenschaft befasst man sich unter der Überschrift „Politische Kultur" mit derartigen Fragen. So definieren M. u. S. Greiffenhagen (in Andersen/Woyke 1993, S. 446):

> „PK (d.i. Politische Kultur; M.F.) bezieht sich auf die subjektive Dimension der Politik und bezeichnet allgemein das Verteilungsmuster aller Orientierungen einer Bevölkerung gegenüber dem politischen System als der Summe aller Institutionen. Zur Politischen Orientierung zählen Meinungen, Einstellungen und Werte .... auch das politische Handeln gehört zur PK .... zum Bereich der PK zählen auch Bewusst-

7 Slogans und Leitformeln und die Grundlagen von Kulturpolitik

seins- und Handlungsfelder, die zunächst unpolitisch erscheinen (Einstellungen zur Arbeit und Freizeit, religiöse Vorstellungen, Erziehungsstile und -ziele usw.)."

In einer ersten Studie (Fuchs 2008b) habe ich die Frage untersucht, welche gesellschaftlichen Mächte (z. B. Wirtschaft, Religion oder Politik) das gesellschaftliche Bewusstsein beeinflussen können und dies auf die Frage nach einer „Leitkultur" angewandt. Dabei konnten einige historische Beispiele für den Einfluss der Künste auf die Mentalitäten in der Gesellschaft gegeben werden – wenn etwa der Dichter Friedrich Schiller der Schweiz mit seiner literarischen Erfindung des Wilhelm Tell geradezu den Nationalmythos liefert. Die Geschichtswissenschaft ist heute für solche Fragestellungen offen, wenn sie etwa von der „Erfindung" des Nationalen spricht. Interessant ist in diesem Zusammenhang das Projekt „Erinnerungsorte", das zuerst für Frankreich, dann aber auch für Deutschland realisiert wurde (Francois/Schulze 2003). Auch andere Disziplinen kennen inzwischen die Macht des „Imaginären" (Castoriades) oder den Mythos. Die generelle Frage ist also die folgende:

- Auf welchem geistigen Fundament beruht Kulturpolitik, beruhen insbesondere Leitbilder und Leitformeln, die zumindest für eine Weile aufgrund ihrer breiten Akzeptanz in der Bevölkerung für den Erfolg kulturpolitischer Programme sorgen?
- Lassen sich sinnvolle Vermutungen darüber anstellen, wo solche Deutungsmuster und Dispositionen herkommen und ob man sie gegebenenfalls sogar „herstellen" kann?
- Gibt es möglicherweise Negativbeispiele für erfolgreiche Leitformeln, die eher an niedrige Instinkte appellieren oder deren Befolgung gerade nicht zu einer Demokratisierung beitragen?

In der Geschichtswissenschaft gibt es – Reinhart Koselleck (Brunner u.a. 1972) steht etwa dafür – den Ansatz einer historischen Semantik, bei der man sehr sorgfältig die politische und soziale Sprache in ihrer historischen Veränderung untersucht. Ähnliche Ansätze finden sich in Teil 1 der Sozialpolitikforschung (Lessenich 2003). Für die Kulturpolitik lassen sich ähnliche Studien kaum finden. Immerhin gibt es vereinzelt Ansätze, die den Wandel des Kulturbegriffs (und in der Folge den Wandel des Kulturpolitikbegriffs) untersuchen (Göschel 1991, Schulz 1992). Solche Ansätze sollen im Folgenden gesammelt und vorgestellt werden. Dabei ist das Thema, so wie es hier skizziert wurde, natürlich viel zu umfassend. Ich konzentriere mich daher exemplarisch auf einen – freilich aktuellen – Aspekt: die Herkunft und der Erfolg des Kulturstaatsbegriffs. In früheren Untersuchungen konnte ich – gestützt u. a. auf die für dieses Feld zentralen Dissertationen Jung 1976 und Geis 1990 – einige grobe Entwicklungslinien skizzieren. In der vorliegenden Untersuchung will ich einige der hier beschriebenen Zusammenhänge aufgreifen und vertiefen. Dabei will ich folgende Thesen untersuchen:

Die heutige Akzeptanz des Kulturstaatsbegriffs hängt damit zusammen, dass die mit ihm verbundene etatistische Denkweise tief in der Mentalität der Deutschen verankert ist. Helmut Plessners Studien (1974) zu Deutschland als „verspäteter Nation" – bei ihm ging es um geistesgeschichtliche Hintergründe des politischen Erfolgs des Nationalsozialismus – sind ebenso aktuell wie die Untersuchungen zu spezifischem politischen Habitus der Deutschen bei von Norbert Elias (1989). Gefestigt wurde diese Mentalität durch die Entwicklung des Bürgertums im 19. Jahrhundert, wobei sich der Eindruck einstellt, dass es insbesondere eine (unheilige) Allianz zwischen Kulturprotestantismus und Bildungsbürgertum war, die hier mentalitätsbildend bis in die heutige Zeit wirkt. Es geht also darum zu zeigen, wie sich zu abstrakten Begriffen wie „Bildung", „Kultur" und „Kulturprotestantismus" (man könnte auch noch „Nation" und „Liberalismus" dazunehmen) soziale Trägerschichten bilden, die bestimmten „sozialmoralischen Milieus" (Lepsius) zugeordnet werden und die sich – bei unterschiedlichen Entwicklungsverläufen – immer wieder überschneiden. Dabei ändert sich im Zuge dieses sozialen und politischen Prozesses auch die Semantik der Leitbegriffe.

Das semantische und soziale Feld des Kulturstaatsbegriffs: die „Kulturbedeutung des Protestantismus" (E. Troeltsch)

Ernst Troeltsch, Zeitgenosse, Hausnachbar und Freund von Max Weber, hat – quasi kongenial zu dem großen Soziologen – speziell die Frage der Wirtschaftsethik des Christentums vertieft untersucht. Ernst Troeltsch gehört zu den „Kulturprotestanten", ist sogar einer seiner hervorragenden Vertreter (siehe etwa Troeltsch 2001; hierzu später mehr). Seine entsprechenden Studien kann man wie folgt zusammenfassen

1. Die außerweltliche Askese der Mönche, also der Rückzug in ein Kloster, wird durch eine innerweltliche Askese ersetzt: „Christliche Lebensführung muß sich im Alltag durch ein konsequentes Leben nach Gottes Geboten beweisen" (Münch 1986, Bd. 1, S. 128). Bei Luther bleibt es jedoch bei der Anerkennung der weltlichen und göttlichen Autorität, so dass seine Theologie in dieser Hinsicht keine Verstärkung des bereits existierenden (mittelalterlichen) Stadtbürgertums mit seinen individualistischen, methodisch-rationalen und altruistischen Elementen bedeutet (ebd., S. 129). Die deutsche

Reformation, so Weber und Troeltsch, beschreitet also nicht den Weg zur individualistischen und rationalistisch-altruistischen Ethik. „Der moderne Individualismus, die Humanität, Freiheit der Erziehung, die Selbständigkeit der Form fehlen ihm" (Troeltsch: Die Bedeutung des Protestantismus für die Entstehung der modernen Welt; hier zitiert nach dem Abschnitt aus Fürstenberg 1964, S. 309). Diese Richtung schlagen vielmehr Calvin und die ihm folgenden Niederlande, England und USA ein.

2. Dies führt zur methodisch-rationalen Lebensführung bei Calvin, in der Arbeit eine zentrale Rolle spielt. Arbeit ist die einzig legitime Quelle von Einkommen und somit Kern der bürgerlichen Leistungsgesellschaft (S. 134 f.). Dieser Gedanke wird von John Locke zur einflussreichen Konzeption des Liberalismus weiterentwickelt:

„Die nicht über die Welt hinausgreifende, sondern in der Welt.. arbeitende Berufsgesinnung erzielt eine rastlose, systematische disziplinierte Arbeitsamkeit, in der die Arbeit um der Arbeit willen, um der Mortifikation des Fleisches willen gemacht wird, und in der der Arbeitsertrag nicht zu Genuß und Konsumation, sondern zur beständigen Ausweitung der Arbeit, zum immer neuen Umschlag des Kapitals dient" (Troeltsch a.a.O., S. 326).

3. Regeln des Geschäftsverkehrs sind bei dem Stadtbürger und Juristen Calvin identisch mit den ethischen Lebensregeln: Rechtmäßigkeit, Redlichkeit, Billigkeit, Gerechtigkeit. Selbstverantwortlichkeit des Einzelnen verlangt Kontrolle der Wünsche und Leidenschaften (Münch1986, S. 139).
4. Kühle Sachlichkeit prägt alle sozialen Kontakte. Strenge gegenüber Schwachen, Abschaffung der Caritas – als planloses Geben von Almosen – ist daher ebenso ethisch vorgegeben, wie soziale Ungleichheit als gottgewollt interpretiert wird (Troeltsch a.a.O., S. 332).
5. Rationale Gestaltung des Lebens und der Welt, empirische Überprüfbarkeit der Wirkungen: all dies ist das glatte Gegenteil von Mystik und Kontemplation. Die Welt hat keinen Zauber mehr. Sie ist erkennbarer Kosmos und nicht Chaos. Insbesondere ist die Zukunft, ist das Leben nach dem Tod am Erfolg des Lebens erkennbar (Prädestinationslehre).

Der Protestantismus, so etwa Ernst Troeltsch in seiner Schrift über die „Bedeutung des Protestantismus für die Entstehung der modernen Welt" (1911), hat zwar die wesentlichen Elemente der Moderne nicht erfunden, aber er hat

„die Hemmungen beseitigt, die das katholische System trotz allen Glanzes doch wesensnotwendig dem Werden der Neuen Welt entgegen gesetzt hat, und (er) hat der neuen freien weltlichen Ideenfülle vor allem den gesunden Boden eines guten Gewissens und einer aufstrebenden Kraft gegeben." (ebd. S. 86).

Im Einzelnen benennt Troeltsch die folgenden Auswirkungen bzw. Leistungen des Protestantismus:

1. Er hat mit der Zerbrechung der Alleinherrschaft der katholischen Kirche die Kraft der kirchlichen Kultur überhaupt gebrochen.
2. Er hat durch Aufhebung des Sakraments der Ehe die Familie flexibler gemacht und das Geschlechtsleben zu einer moralisch-persönlichen Frage gemacht.
3. Mittelalterliches Strafrecht und Zivilrecht bleiben im wesentlichen erhalten. Es kommt lediglich zu einer größeren Akzeptanz des römischen (Vernunfts)-Rechts. Nur das Kirchenrecht wurde radikal erneuert.
4. Hinsichtlich des Staates hat der Protestantismus zwar nicht die moderne Staatsidee oder eine selbständige Ethik der Politik geschaffen, aber er hat den Staat selbständig gemacht gegenüber anderen Kräften; zudem werden staatliche „Berufe" religiös aufgewertet.
5. Speziell der Calvinismus hat einen entscheidenden Beitrag zur Modernisierung des Staates geleistet, insofern er sich den Staat – nach dem Muster einer demokratieähnlichen Verfassung einer Gemeinde – als repräsentativ aufgebaute und kollegial durch die – in Wahlen bestätigten – „Besten" gesteuert vorstellte.
6. Hinsichtlich der Menschenrechte und der Gewissensfreiheit hat Jellinek die – allerdings umstrittene – These von ihrer ursprünglichen puritanischen Herkunft aufgestellt.
7. Hinsichtlich des Wirtschaftslebens wertet Troeltsch den Beitrag des Luthertums gering. Hier ist es wieder der Calvinismus, der – wie beschrieben – ökonomische Leistungsfähigkeit religiös untermauert.
8. Die größte soziale Bedeutung sieht Troeltsch bei der Durchsetzung der Idee des Individualismus, der Individualisierung des Gewissens und der Persönlichkeit.
9. Auf der Ebene des Geistigen sieht Troeltsch ohnehin die größte Wirkungsmächtigkeit, nämlich
   - eine Beförderung der (rationalen) Wissenschaften,
   - positive Entwicklungsimpulse für die „abstrakten Künste" der Musik und Lyrik (nicht jedoch für das Bildkünstlerische).

Die stärkste Bedeutung, so Troeltsch (ebd., S. 92), hat der Protestantismus jedoch als Religion der modernen Welt erzielt.

Diese Bilanz von Troeltsch muss man sehen vor übersteigerten Selbstzuschreibungen eines Teils des protestantischen Bürgertums in der zweiten Hälfte des 19. Jahrhunderts, das ein Selbstbild als zentrale kulturschaffende Macht der Moderne gezeichnet hat. Zum Teil wurden bestimmte Selbstzuschreibungen in diesem Kampf der Konfessionen – in Teilen bis heute; vgl. Schmidtchen 1973 – empirisch bestätigt (größerer Anteil an wirtschaftlicher und kultureller Elite; allerdings auch erheblich höhere Selbstmordraten bei Protestanten).

Im Hinblick auf die Politik ist bedeutsam, dass Protestanten im Anschluss an Luthers Zwei-Reiche-Theorie sich oft dem je vorhandenen politischen System unterwerfen. Das Thema „Protestantismus und Demokratie" ist daher ein recht schwieriges. Im Hinblick auf die Pädagogik ist festzustellen, dass im Kern der protestantischen Lehre, die autonome Persönlichkeit, geradezu die Grundlage des pädagogischen Denkens ist. Nicht ganz ohne Gründe verweist man auf die enge Verbindung von „Bildung", Bürgertum, Protestantismus und Liberalismus (s. u.). Drei Eckpfeiler, so Hübinger (in Renz/Graf 1993, Bd. 7. S. 53) hat der Liberalismus:

- die neuhumanistische Idee der sittlich-autonomen Persönlichkeit
- den Glauben an menschliche Lernfortschritte in der Geschichte
- das Vertrauen in die verfassungsrechtliche Regulierung und Institutionalisierung von politischer Herrschaft.

Der Kulturstaat

„Der Sieg Preußens (im Krieg 1866 gegen Österreich; M. F) galt vielen Protestanten als ein Zeichen der Überlegenheit der protestantischen Kultur über die Kulturen der vom Katholizismus geprägten Länder, die in Wirtschaft, Wissenschaft, Bildungssystem und politischer Organisation rückständig geblieben seien. Im Protestantismus geben vor allem die neuen bürgerlichen Beamteneliten und die nationalliberal eingestellten bildungsbürgerlichen Schichten diesem Glauben an die höhere Modernität Preußens eine konkrete politische Gestalt: in der Effizienz rationeller Verwaltung, in einem asketischen Pflichtethos, in einem sozial orientierten Reformgeist und in der Durchdringung des öffentlichen Lebens mit dem Geist protestantischer Sittlichkeit" (Graf 1992, S. 12).

Eine ebenso geschichtstheologische Deutung erfuhr der Krieg gegen Frankreich, dessen Bürgertum zum einen katholisch geprägt war (Groethuysen 1978), und das zudem „antichristliche Prinzipien" mit seiner Revolution 1789 befördert hat (Graf a. a. O., S. 14). Der Protestantismus ist traditionell sehr viel stärker intellektuell und theologisch geprägt als der Katholizismus, der doch über weite Strecken eine emotional „gefühlte" Volksreligion geblieben ist. Dies gilt insbesondere für den „liberalen Protestantismus", so wie er bereits bei Schleiermacher am Ende des 18. Jahrhunderts in seinen „Reden an die Gebildeten unter den Verächtern" der Religion akzentuiert wurde. Es war weniger das christliche Leben und der Kultus, sondern vielmehr eine religiös-sittliche, fortschrittsorientierte Grundhaltung (Graf, a. a. O., S. 16). Die „Kulturwerte" dieser Denk- und Lebensausrichtung waren: Entklerikalisierung der Politik, Unabhängigkeit der akademischen Theologie, Autonomie der Wissenschaft, Säkularität des Bildungswesens, Hochschätzung der Familie. Die Kultursphären (Kunst, Moral, Politik, Wissenschaft, Religion) differenzieren sich nach der Reformation aus und sind jeweils autonom. Integriert wird diese Pluralität der Kultursphären nicht durch eine theologische oder philosophische Einheitslehre über die Gegenstände, sondern durch die autonome Persönlichkeit (ebd., S. 17). Dies ist gelebter Protestantismus als politisches Prinzip, das zu einer Einheit von

- religiös-sittlichem Individuum,
- neuhumanistischer Bildung,
- starkem Kulturstaat und
- deutscher Nation

führt. Gestützt wurde diese Vision durch den Historiker Heinrich von Treitschke (1834 – 1896), der die deutsche Geschichte folgerichtig erst mit der Reformation beginnen lässt. Dies gab zudem dem Kaiserreich eine historische Legitimation.

Hier taucht dann auch ein bis heute in der Kulturpolitik gerne verwendeter Begriff auf: der „Kulturstaat". Vor dem Hintergrund der protestantisch-deutschen positiven Bewertung des Staates seit der Reformation, die vom deutschen Idealismus unterfüttert wurde und die in der Staatslehre Hegels ihre stringenteste Ausformulierung fand, ist seit der Sozialpolitik des Kaiserreiches
- der Sozialstaat zuständig für eine gewisse Form von Gerechtigkeit,
- der Rechtsstaat normativ verankert und
- der Kulturstaat das sittlich geregelte Miteinander.

Der Staat selber ist nicht nur zuständig für Kultur/Kultus (Bildung, Wissenschaft, Künste: „Staatsschauspieler", Staatstheater etc.): er ist selber höchste Kulturleistung (vom Bruch: „Kulturstaat – Sinndeutungen von oben"; in Bruch/Graf/Hübinger 1989). Bis heute ist diese Tradition – auch und gerade unter Staats- und Verfassungsrechtlern – lebendig, auch wenn ihre Herkunft nicht immer mitgedacht wird. So findet sich der Topos des „Kulturstaates" nach dem zweiten Weltkrieg in einzelnen Länderverfassungen, und es gibt eine anhaltende Diskussion um die Verankerung des Staatszieles Kultur in der deutschen Verfassung (vor allem das Grundlagenwerk einer Verfassungslehre als Kulturwissenschaft Häberle 1998).

7 Slogans und Leitformeln und die Grundlagen von Kulturpolitik

Der Kulturstaatsbegriff spielt in der politischen Bewegung des 19. Jahrhunderts eine noch näher zu beleuchtende Rolle. Im Verfassungsrecht ist es der rechtskonservative E. R. Huber – er hat für die Nationalsozialisten die Verfassung geschrieben und erhielt nach dem Zweiten Weltkrieg zunächst ein Lehrverbot –, der den Kulturstaatsbegriff prominent vertritt.
M. I. Geis (1990, S. 266 – 269) kommt in seiner Analyse der juristischen Tragfähigkeit dieses Ansatzes zu folgendem Resümee (eine Auswahl):

1. „Das Kulturstaatskonzept Ernst Rudolf Hubers ruht auf drei Säulen: einem idealistischen Kulturbegriff, einem etatistischen Staatsbegriff und dem Rückgriff auf die geisteswissenschaftliche dialektische Methode.
2. Der idealistische Kulturbegriff Ernst Rudolf Hubers steht in der spezifisch deutschen Tradition einer Deutung als elitärem, „besserem" Bereich im Gegensatz zu Natur und Zivilisation. Er ist durch ein prozesshaftes Streben hin zu „höheren" bzw. „letzten" Werten gekennzeichnet.
3. Die Richtigkeit seiner Kulturstaatssicht als Synthese von Kultur und Staat wird von Ernst Rudolf Huber unter Berufung auf eine bis zum Beginn des 19. Jahrhunderts zurückreichende Kulturstaatstradition gerechtfertigt.
4. Das Kulturstaatskonzept Ernst Rudolf Hubers ist unter den Vorgaben des Grundgesetzes verfassungsrechtlich nicht haltbar."

„Bildung" und „Kultur" als Deutungsmuster

Spätestens seit der detaillierten Studie von Bollenbeck (1994) könnte man wissen, dass „Bildung" und „Kultur" – im heutigen Sprachgebrauch durchgängig positiv besetzt – eine z. T. durchaus problematische politische Geschichte im 19. Jahrhundert haben. Der Bedeutungsgehalt des Labels „Kultur", das zunächst synonym mit „Bildung" und „Zivilisation" verstanden wird, verschiebt sich im Laufe des Jahrhunderts von einem emanzipatorischen in ein politisch-konservatives nationalistisches Konzept der militanten Abgrenzung sowohl innerhalb Deutschlands (gegen liberale Kräfte) als auch gegen Frankreich und England. Dabei sind beide Konzepte von Anfang an auf einzigartige Weise philosophisch-ästhetisch und pädagogisch überhöht und ideologisch aufgeladen (Vierhaus, Stichwort „Bildung" in Brunner u.a. 1972). Sie taugen vielleicht gerade deshalb dazu, für die wachsende und zunehmend einflussreiche Schicht des „Bildungsbürgertums" (Engelhardt 1986) zu Leitbegriffen zu werden. Auf deren Grundlage ergibt sich das Selbstverständnis dieser Schicht, mit der besonderen Aufgabe der Sinndeutung und Welterklärung betraut und deshalb für eine privilegierte Aufgabe im Staat vorgesehen zu sein. Es ist keine Übertreibung, wenn man sagt, dass der Erste Weltkrieg von deutscher Seite auch im Geiste eines solchen Verständnisses einer überlegenen deutschen tiefen geistigen „Kultur" geführt wurde. „Bildung" wird ebenfalls zu einem politischen Kampfbegriff einer gesellschaftlichen Schicht, die um einen Anteil an Pfründen und Einflussmöglichkeiten kämpft. Dabei geraten traditionelle Bildungsgüter zunehmend aufgrund ökonomischer Entwicklungen (Ausbreitung einer naturwissenschaftlich-technisch gestützten Industrialisierung) ins Abseits, so dass „Bildung" und „Kultur" im Lauf des Jahrhunderts Leitbegriffe einer rückwärtsgewandten Modernitätskritik werden. Der Kulturpessimismus als politische Gefahr (Stern 1960) speist sich wesentlich aus diesen Quellen. Mit der so verstandenen „Bildung", so Koselleck 1990, wird das Bildungssystem von der politischen Gestaltung abgekoppelt und der oft beschriebene deutsche Rückzug in die Unverbindlichkeit legitimiert (Lepenies 2006).

An dieser Stelle lohnt der Hinweis auf Münch (1986). Hier untersucht der Autor, wie sich die Modernisierungswege in Deutschland, Frankreich, USA und England zwar durchaus auf dieselben Leitbegriffe berufen (Individualismus/Universalismus, Freiheit, Gleichheit, Aktivismus und Rationalismus), aber in Deutschland stets eine eher antidemokratische oder zumindest apolitische Bedeutung bekommen. Im Bildungskonzept bündeln sich nicht nur diese Leitbegriffe, sie tun dies auch im spezifischen deutschen Verständnis, so dass man von einer „Kunst"- und einer „Bildungsreligion" spricht (Timm in Koselleck 1990).

Liberalismus und Bürgertum

Vermutlich kann man die Bedeutung der misslungenen Revolution 1848 nicht überschätzen. Denn auf der Basis der Aufklärung machte sich nach dem Sieg über Napoleon trotz der vorfindlichen politischen Rahmenbedingungen (es handelte sich bestenfalls um Systeme eines aufgeklärten Absolutismus) eine Aufbruchstimmung in Deutschland breit. Es wurden Reformen – wenn auch in Preußen von oben, allerdings durch honorige Persönlichkeiten gesteuert – durchgeführt. Der Gedanke einer Verfassung, an die sich Fürsten und Regierungen gebunden fühlten, wurde prominent. Eine Aufbruchstimmung in den Wissenschaften und im Bildungswesen, eine Ausbreitung liberaler Ideen, begleitet und forciert durch entsprechende Medien, war deutlich zu spüren. Die misslungene Revolution von 1848 bedeutete, dass sich die Hoffnungen des Bürgertums auf eine angemessene politische Mitgestaltung zerschlugen und sich vielmehr politisch und kulturell die Reaktion einsetzte. Kulturell gab es zwar starke Tendenzen einer nationalen Integration („Kulturation"), doch politisch setzte sich unter

7 Slogans und Leitformeln und die Grundlagen von Kulturpolitik

erheblichen Mühen die kleine Lösung unter der Dominanz Preußens durch, aus der schließlich das (zweite) Kaiserreich entstand.

„Affinität zu Neuem, Erziehung zur Zukunft, Glaube an den Fortschritt zu mehr Freiheit, Recht und Vernunft", dies fasst Langewiesche (in Kocka 1989, S. 96) als innersten Kern liberalen Denkens im 19. Jahrhundert zusammen. Als mögliche Träger eines solchen „Denkstils" identifizierte er (im Anschluss an Gerth 1935) für die erste Hälfte des 19. Jahrhunderts nur die beiden Gruppen: das kapitalistische gewerbliche Unternehmertum und das Bildungsbürgertum. „Der deutsche Liberalismus", so Langewiesche, „begann als bildungsbürgerlich geprägte und geführte Bewegung. Mit der Revolution von 1848 zerbricht diese Einheit, verlieren die Liberalen den bis dahin weitgehend unangefochtenen Anspruch, definieren zu können, was nationale Identität, rechtliche Gleichheit und politische Partizipation heißen soll" (ebd. 96f.): die sozialmoralischen Milieus differenzieren sich aus. Im Bildungsbürgertum vergrößert sich die Linie der Demokraten, das Wirtschaftsbürgertum gewinnt im Zuge der fortschreitenden Industrialisierung an Einfluss. Insgesamt, so Langewiesche, tut sich der Liberalismus schwer damit, den Industriestaat angemessen neben den Standardzielen des Nationalstaates und des Verfassungsstaates zu berücksichtigen. Plausibel wird dies dadurch, dass sich das Bildungsbürgertum wesentlich aus Beamten des Staates rekrutierte. Allerdings verliert dieser „alte Liberalismus" an Boden, da auch „seine" Bildungseinrichtungen (humanistische Gymnasium, Universität) Konkurrenz bekommen: Während des Kaiserreiches erhalten die Technischen Hochschulen Promotionsrecht, die Oberrealschule und das Realgymnasium werden als gleichberechtigte höhere Schulen anerkannt.

Die liberale Bewegung spaltet sich zudem in eine linksliberale und eine nationalliberale Richtung. Und schließlich verändern sich die klassischen Bildungsgüter:

- Das neue, auch ökonomisch erfolgreiche naturwissenschaftliche Wissen gehört nicht zu dem klassischen Bildungskanon.
- Das Deutungsrecht zur Definition dessen, was „Kunst" heißt, geht von den Bildungsbürgern auf die Künstler selbst über.
- Diese setzten sich in allen Kunstsparten zum Ziel, tradierte Verständnisweisen von Kunst zu zerstören.
- Das bisherige Bildungsbürgertum war protestantisch. Insgesamt sah man in einem protestantischen Kulturstaat den Höhepunkt in der Entwicklung des Nationalstaates. Religion als Deutungsmacht, so der einflussreiche Theologe Ernst Troeltsch, verliert an Einfluss zugunsten von „Kunst" (Thomas Nipperdey, 1990, spricht von „Kunstreligion").

Bildung, Bildungsbürgertum und Kulturprotestantismus

„Bildung" lässt sich philosophisch-anthropologisch und pädagogisch, aber auch aus einer sozial- und politikwissenschaftlichen Perspektive verstehen. Dass „Bildung" in Deutschland aufs Engste verbunden ist mit dem Kampf um gesellschaftlichen Einfluss einer sozialen Gruppe, eben des Bildungsbürgertums, ist hinreichend beschrieben. Inzwischen hat es umfangreiche Forschungsprojekte gegeben, die diese Distinktionsprozesse und hegemonialen Kämpfe detailliert untersucht haben.

Bildung, daran ist zu erinnern, ist bereits in seiner Wortgeschichte theologisch imprägniert (imago dei). Bildung wird im deutschen Idealismus weiter überhöht, insofern der Bildungsprozess als Prozess der Selbstbefreiung (bei Schiller und Humboldt: durch Kunst) des Individuums zu einem Staatsbürger verstanden wird. Der Staat ist dabei in Hegelscher Tradition die höchste Verkörperung des Sittlich-Guten, ist damit die höchste Kulturleistung des Menschen, ist Kulturstaat: „Der Staat als Bildungsprodukt ist zugleich Inbegriff der Freiheit in Gehorsam." (Naumann in Vondong 1976, S. 48). Damit werden entsprechend ausgebildete Bildungsbürger zu den genuinen Leistungsträgern des Staates in Politik und vor allem in dessen Verwaltung. Die misslungene Revolution von 1848 lässt in den frustrierten Bildungsbürgern das Gefühl aufstehen, Opfer einer Tragödie zu sein. Es folgt der Rückzug in die oft beschriebene Innerlichkeit gepaart mit der Akzeptanz der kommenden autoritären Staatlichkeit unter Bismarck und Wilhelm II.

F. W. Graf nennt „Kulturprotestantismus" in seiner bis dahin umfassendsten Bestandsaufnahme seiner begrifflichen Entwicklung eine „theologiegeschichtliche Chiffre". Er zeigt, dass – wie viele Begriffe – es sich zunächst um eine polemische Fremdbezeichnung handelte, wobei die Nähe des Kulturprotestantismus (und seiner prominenten Vertreter, u.a. Schleiermacher, Harnack, Troeltsch) zum Liberalismus und zur „modernen Kultur" (in kritischer Distanz zur bloßen traditionellen Überlieferung) herausgestellt wird. Innerhalb des Protestantismus sind daher etwa die traditionell orientierten Lutheraner die Gegner. In diesem Kontext entsteht die Rede von einer „protestantischen Kultur" (R. Rothe), die immer einschließt, dass die moderne Kultur protestantisch ist. Diese soll in Übereinstimmung mit der politischen Ordnung gebraucht werden, so dass Religion, Kultur und Staat im „deutsch-protestantischen Kulturstaat" zusammenfließen (29).

Dieser Kulturprotestantismus vertritt offensiv einen Anspruch auf kulturell-politisch-theologische Hegemonie. Es ist eine elitäre Ideologie eines Teils des Bildungsbürgertums. „Bildung" ist – neben „Kultur" – ein zentraler Leitbegriff.

7 Slogans und Leitformeln und die Grundlagen von Kulturpolitik 109

Reul (in Müller 1992), S. 150 ff.) fasst die Spezifik des kulturprotestantischen Bildungsbegriffs wie folgt zusammen (155 ff.):

a. „Der Bildungsbegriff findet als Spezialfall von Kulturarbeit einen festen Ort innerhalb eines theologischen Begriffs menschlicher Praxis.
b. Bildung bedeutet die Befähigung zur Teilnahme an Kulturarbeit auf allen Gebieten.
c. Indem Bildungsarbeit zugleich religiöse Bildung als Fundament aller Bildung vermittelt, erhellt sie den Zusammenhang zwischen christlichem Wirklichkeitsverständnis und Praxis.
d. der dem Protestantismus eigene Stellenwert von Subjektivität und Reflexivität ermöglicht eine Aneignung des Bildungsbegriffs unter dem Gesichtspunkt, dass Bildung Selbstbildung ist.
e. Der Kulturprotestantismus tendiert zur Selbstdarstellung und präsentiert sich damit als ergiebigster gegenwartserschließender Bildungsgegenstand".

Reul weist darauf hin, dass es eine systematische Nähe zwischen der Geisteswissenschaftlichen Pädagogik (Spranger, Kerschensteiner, Nohl, Litt) und dem Kulturprotestantismus gibt. Letztere hat das Konzept einer „Kulturpädagogik" entwickelt, das eine – in deutscher Tradition (Weimar) gedacht – Kultur als Leitkultur verbindlich als Grundmoment einer jeglichen Pädagogik verschreiben wollte. Troeltsch – zeitweilig Unterstaatssekretär im Kultusministerium Anfang der zwanziger Jahre – versuchte, Litt mit einer entsprechenden Professur in Leipzig auszustatten. Das Projekt misslang, weil man eine solche „Sinnstiftung von oben" nicht akzeptieren wollte. Diese Kulturpädagogik ist ein komplementäres Pendant zu dem Konzept des Kulturstaates, wobei beides aufs engste mit dem Kulturprotestantismus verbunden ist. Im Hinblick auf das Politikverständnis des Kulturprotestantismus ist die Studie von Hübinger (1994) maßgeblich. Einige Aspekte und Charakterisierungen:

- Kulturprotestantismus wird als „gedämpfter Modernismus einer nationalkulturellen Gebildetenbewegung" gekennzeichnet (13)
- Kulturprotestanten werden wegen ihrer „religionsfremden „Kulturseligkeit"" beschimpft (13)
- Die politische Ausrichtung ist zumindest mehrdeutig. Seine wichtigste politische Trägerschicht stammt aus dem Bildungsbürgertum. Wehler macht dieses nach 1879 mit seiner wachsenden Illiberalität für den Wandel in Richtung rechter Nationalismus und Antisemitismus verantwortlich (17).

Ein Fazit:

„Wertet man die kulturprotestantische Leitformel vom „Einklang mit der gesamten Kulturentwicklung unserer Zeit" unter diesen Entstehungsbedingungen, so lässt sich die darin eingebettete Programmatik des Protestantenvereins im übergreifenden Rahmen des Liberalismus als Verfassungs- und Kulturbewegung unter drei Aspekten gewichten: Sie ist zivilreligiös, kulturhegemonial und bildungselitär." (41).

Ähnliches findet sich bei Bollenbeck:

„Im 19. Jahrhundert gehören, mit universellem Anspruch, „Bildung", „Kultur", „Liberalismus" und „Nation" zusammen. Deren Trägerschicht war das Bildungsbürgertum, eine kleine Schicht mit einer großen Definitionsmacht. Wenn 1911 mit konservativer Zielsetzung eine „Partei der Gebildeten" gegründet werden soll, dann zeigt sich darin, wie der ehedem allgemeine Anspruch parteiisch und partikular wird. Bildungsbürger gibt es zwar weiterhin, aber ihre politische, ökonomische und kulturelle Geltung schwindet." (Bollenbeck 1994, 244).

Der Kulturstaat

Inzwischen ist die politische und Begriffsgeschichte des Kulturstaatsbegriffs gut erforscht. Als Urheber gilt Fichte. Jung (1976) verfolgt akribisch die weitere Verwendung dieses Begriffs bis zum Godesberger Programm und dem Staatsziel Kultur in der Bayrischen Verfassung und er endet mit einem Blick in internationale Verwendungsweisen. Im Laufe dieser fast 200-jährigen Geschichte kristallisiert sich kein einheitlicher Gebrauch heraus. Vielmehr oszilliert der Begriff zwischen unterschiedlichen Bedeutungen, wobei er – als ein roter Faden – überwiegend protestantisch konnotiert bleibt.

Folgende Bedeutungsweisen kann man (u. a.) finden:
- der Staat als oberste Kulturleistung.
- Kultur im Sinne von Bildung, Wissenschaft, Kunst und Religion: der Staat, der sich für Bildung (Bildungs- und Erziehungsstaat) und Religion (Staatsvertrag, Staatskirche) verantwortlich fühlt bzw. hierbei die Weisungsbefugnis beansprucht.
- Kultur im Sinne sittlicher Normen und Werte; dann ist Kulturstaat ein Staat, der auf entsprechenden Normen und Werten aufbaut.

Wenn hierbei von „Staat" die Rede ist, dann ist es in der Regel nicht der aktuelle demokratisch verfasste Rechtsstaat auf den Prinzipien eines allgemeinen und gleichen Wahlrechts: Bis in Überlegungen des protestantischen Widerstandes gegen Hitler handelt es sich um einen nichtdemokratischen Staat, handelt es sich um organizistische oder ständestaatliche Ordnungsvorstellungen.

Der „Kulturstaat" war überwiegend ein national verstandenes Ordnungsmodell, das größte Probleme mit Liberalität und Moderne zum Ausdruck brachte. Auch die heute verbreitete Hoffnung, unter dem Label des Kulturstaates würde es eine erhöhte Verantwortung für die Erhaltung des Kunstsystems geben, wird nur gelegentlich in der Geschichte dieses Begriffs berührt. Und selbst dort, wo dies geschieht, ist es nicht ein autonomes Kunstsystem, sondern es ist – wie etwa bei Huber – ein Staat, der sich steuernd und gestaltend mit dem Ziel der „wichtigen" Kunst und Kultur einmischt.

Interessant ist die Benennung des Kulturstaatszieles in der Bayrischen Verfassung. Dort werden in den wenigen Fällen, in denen man sich in Gerichtsverfahren auf diesen Artikel bezieht, eher alberne oder für die Kulturpolitik irrelevante Tatbestände behandelt. Im günstigsten Fall ist damit gemeint, eine sittlich-normative Orientierung gegen Inhumanität und Barbarei zu artikulieren.

Es scheint also deutlich zu sein, dass die problematische Begriffsgeschichte des Kulturstaatsbegriffs und die sozialen Bewegungen, in die diese eingeordnet ist, wenig mit demokratischen Traditionen, sondern sehr viel mit protestantischem Kulturimperialismus, mit Vorstellungen einer an Traditionen orientierten Leitkultur, mit einem starken, allerdings meist vormodern verstandenen Staat zu tun hat. Wenn man also mit aller Vorsicht feststellt, dass das Denken in Kategorien des Kulturstaates auch heute noch nicht frei von Etatismus ist, dann ist es bemerkenswert, auf einige Zusammenhänge hinzuweisen.

Besondere Prominenz hat der Kulturstaatsbegriff im Kontext der Kulturpolitischen Gesellschaft, einer Gründung, bei der die Evangelische Akademie Loccum und evangelische Theologen eine wichtige Rolle gespielt haben. Die Neue Kulturpolitik scheint – bis zur Konfession der wichtigsten Akteure – stark protestantisch geprägt. Es scheint so, als ob Etatismus und Traditionslinie des Kulturprotestantismus hier lebendig geblieben sind. Auch sind die häufigen Bezüge der – protestantisch dominierten – Kulturreflexionen rund um Weimar (Schiller, Humboldt) in Glasers Programmschriften nicht nur kein Zufall, sondern passfähig zu der These, dass sich hier über 200 Jahre bestimmte Mentalitäten herausgebildet haben, die bis heute wirksam sind.

Falls dies so ist – es sind mir allerdings keine Studien bekannt, die diese Frage mentalitätsgeschichtlich oder im Sinne einer intellectual history untersuchen –, dann stellt sich die Frage, wie sich derartige Mentalitäten über die Zeiten hinweg bewahren.

Die Krux des Kulturbegriffs ist seine ständig anwachsende Vielfalt an Deutungsmöglichkeiten. In „Kultur macht Sinn" (2008a) habe ich gezeigt, dass gerade bei Disziplinen, die für die Kulturpolitik relevant sind (Soziologie, Anthropologie, Ethnologie etc.) sehr unterschiedliche Konzepte von „Kultur" verwendet werden. Insbesondere ist festzuhalten, dass die Kulturpolitik kein privilegiertes Deutungsrecht hat, sondern gelegentlich gerade das Kulturkonzept der Kulturpolitik bewusst abgelehnt wird. Dies gilt speziell für die Mehrheit der Staats- und Verfassungsrechtler. Dies wirkt sich auch auf den Begriff des Kulturstaates aus. Geis (1990) hat gezeigt, dass einer der prominentesten Vertreter des Kulturstaatskonzepts gerade keine Bezugsperson für ein Kulturverständnis sein kann, das in Einklang mit dem Grundgesetz steht. Ein anderer prominenter Vertreter, der gerne in der Kulturpolitik als Referenz für eine verfassungsrechtliche Absicherung einer kulturellen Verantwortung des Staates zugezogen wird, ist Peter Häberle. In zahlreichen Schriften hat er „Verfassungslehre als Kulturwissenschaft" – zuletzt in geradezu enzyklopädischer Dimension in der gleichnamigen Schrift von 1998 – propagiert und sich zudem mit zahlreichen Facetten eines staatlichen Kulturbezuges (Kunstfreiheit, kommunale Kulturpolitik etc.) auseinandergesetzt. Es lohnt sich daher ein – hier notwendigerweise knapp ausfallender – Blick auf diesen Ansatz.

Der „Kulturstaat", so erkennt man bei den vielfältigen Verwendungsweisen dieses Konzeptes, kann vieles bedeuten, u. a.:

- Der Staat als kulturelle Leistung.
- Der Staat als kulturelles Entwicklungsprodukt der Geschichte.
- Eine normative Vorgabe für die Qualität einer jeglichen Staatstätigkeit.
- Eine Verantwortung des Staates für die Kulturmächte Sprache, Wissenschaft, Kunst, Religion, Bildung, Hochschule.
- Ein besonderer Schutz speziell von Künstlern bzw. künstlerischer Erzeugnisse.

Bereits ein grober Überblick zeigt, dass die in der kulturpolitischen Diskussion in erster Linie interessierende Verpflichtung zu öffentlicher Kunstförderung nur eine Dimension unter vielen anderen ist. Dafür werden in der kulturpolitischen Diskussion die anderen Bedeutungsdimensionen eher vernachlässigt. Der Verfassungsrechtler Peter Häberle (geb. 1934) verwendet all die genannten Aspekte des Kulturstaatsbegriffs und bereichert die Debatten um einige wichtige neue Aspekte. Er steht in der – für die Weimarer Zeit, in der eher Wissenschaftler wie Schmidt eine Rolle spielten – demokratischen Tradition von Smend, Heller und Hesse. Umstritten war sein Ansatz, weil er einen traditionellen immanenten Zugang zu rechtstheoretischen Fragen bewusst sprengte: durch eine sozial- und kulturwissenschaftliche Erweiterung.

7 Slogans und Leitformeln und die Grundlagen von Kulturpolitik 113

Einige Stichworte, die für unseren Kontext relevant sind:
Die (Genese einer) Verfassung versteht er nicht bloß immanent in einem juristischen, sondern vielmehr eingebunden in einen kulturellen Kontext. Sie ist selbst ein kulturelles Produkt, was die Anwendung „kulturwissenschaftlicher Methoden" nahe legt. Darunter versteht er Verschiedenes. Die Anwendung literaturwissenschaftlicher Methoden, die Einbeziehung künstlerischer, v.a. literarischer Arbeiten zur Verfassung, ein Verständnis von „offener Gesellschaft", in der die kulturelle Entwicklung eine Rolle spielt, die Analogisierung mit einer kunstwissenschaftlichen Hermeneutik und als (fünfte) Auslegungsmethode für Verfassungen. „Kultur" wird neben der klassischen Trias Staatsvolk, Staatsgebiet und Staatsgewalt als viertes Staatselement eingeführt. Konkretisiert wird dies durch eine gezielte Thematisierung von Zeit (kulturelle Genese von Staat und Verfassung) und Raum (systematische Rechtsvergleichung, Raum als Kulturraum).

„Kultur" wird auch dort relevant, wo es um das Menschenbild der Verfassung geht, so dass die tragenden Elemente der demokratischen Verfassung, vor allem die Idee der Menschenwürde, „kulturanthropologisch" gedeutet werden. „Kultur" heißt zudem: Pluralismus, so dass wichtige kulturpolitische Begriffe (etwa kulturelle Vielfalt, die Rolle des Lokalen und Regionalen und – daraus folgend – der (Kultur-)Föderalismus, sowie kultureller Trägerpluralismus) systematisch abgeleitet werden können.

Einige weitere Aspekte:
- „Kultur" bedeutet für Häberle: Vom Menschen gemacht. Aus dieser „Gemachtheit" ergibt sich ein (heute so bezeichneter) Konstruktivismus.
- Raum und Zeit werden als kulturelle Kategorien verstanden und legen daher einen kulturwissenschaftlichen Zugriff nahe.
- „Kultur" (auch) als Ebene der Symbole und ihrer Bedeutungen führen zu einer Befassung mit Nationalsymbolen (Fahnen, Hymnen, Feiertagen), die wiederum viel mit (der Herstellung von) kultureller Identität zu tun haben.
- „Kultur" bedeutet wesentlich: Einbeziehung eines Entwicklungsaspektes.
- „Kultur" heißt auch: Einen Blick auf die Thematisierung von Kultur in anderen Wissenschaften (Ethnologie, Kulturphilosophie, Anthropologie, Soziologie) oder Politikfelder (Kulturpolitik, UNESCO-Debatten) zu werfen.

All dies ist gerade in einem kulturpolitischen Interesse wichtig und lehrreich. Doch ist festzustellen, dass die Krux des Kulturbegriffs auch bei Häberle wirksam wird. So verwendet er – weitgehend unanalysiert – nebeneinander unterschiedliche Kulturbegriffe, wobei der Eindruck entsteht, es handele sich stets um dasselbe Konzept. So stehen Ethnologen, Soziologen und Philosophen – ebenso wie in vielen kulturpolitischen Konzeptpapieren – nebeneinander ganz so, als ob die entsprechenden Überlegungen im Selbstlauf zu einem einheitlichen Kulturkonzept führen. Dabei verwendet Häberle unterschiedliche Kulturbegriffe in unterschiedlichen Kontexten. Bei den Erwägungen zum Menschenbild und zum Kulturbegriff insgesamt werden philosophische Bezüge (z. B. Gehlen) neben Debatten in der Kulturpolitik (H. Hoffmann) und ethnologischen Diskursen nebeneinander gestellt. Es wird der „offene Kulturbegriff" als Kernbegriff ausgewählt, wobei die Referenz hierzu die Mexiko-Debatten der UNESCO von 1982 sind. Dieser weite Kulturbegriff (Kultur = Kunst plus Lebensweise) wird jedoch oft genug durch einen klassischen soziologischen Kulturbegriff ersetzt, wenn nämlich die „Kulturmächte" (Religion, Kunst, Wissenschaft, Bildung) als genuine Aufgabenbereiche eines staatlichen Kultur-Engagements beschrieben werden. Es geht hier primär um Wissenschafts-, Bildungs- und Religionspolitik (ganz so, wie „Kultur" in der Auswärtigen Kultur- und Bildungspolitik verwendet wird). Natürlich ist dies legitim. Ein Problem besteht jedoch dort, wo der Eindruck erweckt wird, dieses Verständnis von Kultur als (soziologisch definiertes) Subsystem wäre bereits identisch mit dem Kulturkonzept der UNESCO oder den Überlegungen von Gehlen.

Ähnliches gilt für den Umgang mit dem (Kultur-)Staat. Zum einen wird auf der Basis des pluralen Kulturbegriffs der UNESCO auch eine Vielfalt in den Trägerstrukturen („Trägerpluralismus") propagiert, wird zudem viel Kluges zu Minderheitenschutz und zur Rolle des Regionalen gesagt. Doch dann wird dort der „Kulturstaat" sehr eng etatistisch gedeutet, wo ein Gegensatz zwischen ihm („ein Zuviel des Kulturstaates", S. 775, im traditionellen Sinne von Staat) und der „gesellschaftlichen Kulturgestaltungsmacht" (ebd.) gesehen wird.

Dieses Problem hat seine Ursache darin, dass sich trotz des Plädoyers für eine kulturwissenschaftliche Herangehensweise von Verfassungsfragen und der Hervorhebung der Kategorie der Zeit überhaupt keine Auseinandersetzung mit diesem zentralen Begriff des „Kulturstaates" erfolgt. So werden zwar die beiden wichtigen Texte von Jung (1976) und Geis (1990) zitiert, letzterer aber umstandslos neben die einschlägige Schrift von E. R. Huber gestellt (etwa in Häberle 1982), ganz so, als ob die gesamte Literatur zur Kulturstaatlichkeit sich wechselseitig stützt und zu einem immer angereicherten Konzept führt. Dabei ist – wie oben gezeigt – das genaue Gegenteil der Fall: Jung zeigt eine äußerst problematische, überwiegend antidemokratische Vorgeschichte des Kulturstaatsbegriffs und Geis zeigt dies insbesondere an dem Konzept von Huber. Es bleibt unverständlich, dass Häberle dies bloß als „Kritik im einzelnen" (Fußnote S. 775) abtut: Es ist vielmehr eine Fundamentalkritik an der wissenschaftlichen Methode, der inhaltlichen Füllung des Begriffs und den geistigen Traditionsbeständen, auf die

7 Slogans und Leitformeln und die Grundlagen von Kulturpolitik 115

Huber zurückgreift. Es ist nur an die abschließende These von Geis zu erinnern: „Das Kulturstaatskonzept Ernst Rudolf Hubers ist unter den Vorgaben des Grundgesetzes verfassungsrechtlich nicht haltbar" (Geis 1990, S. 269).

Medien der Mentalitätsentwicklung

Mentalitäten überdauern offensichtlich. Doch woher kommen sie und wie lange muss man zurückgehen, um ihre „Quellen" zu finden? Für meine Generation war die entscheidende Frage, die immer wieder den Eltern gestellt wurde: Wie konnte es zu der nationalsozialistischen Barbarei kommen, was habt ihr gewusst, wieso habt ihr mitgemacht? Möglicherweise wurde man durch diese Fragen auf die Weimarer Republik gelenkt. In der Tat wurde das geistige Leben der jungen Bundesrepublik von Menschen geprägt, die ihre Hauptwirkungszeit bereits in der Weimarer Republik hatten. Dies war die Zeit der Jugend der Elterngeneration, die Zeit der entscheidenden politischen Prägung. Immerhin war „Weimar" ein demokratisch verfasster Staat. Doch musste man lernen, dass diese Demokratie zu wenig Unterstützung fand. Viele Wortführer in der jungen Bundesrepublik gehörten zu den Skeptikern oder sogar zu den offenen Gegnern dieser demokratischen Republik und vertraten seinerzeit ein nationalistisches, eher ständeorientiertes autoritäres Politikkonzept, das der Führer der Nationalsozialisten dann später gerne bediente. Man muss es sehen: Das Politikkonzept der Nazis war durchaus verbreitet weit über die überzeugten Nationalsozialisten hinaus. Die Weimarer Wortführer wiederum hatten alle ihre Sozialisation und meist auch den Beginn ihrer akademischen Karriere im Wilhelminischen Kaiserreich erlebt. Auch meine Großeltern gehörten zu dieser Generation. Es ist daher schon fast ein Wunder, dass die den Westdeutschen von den Alliierten aufgezwungene Demokratie so stabil geworden ist. Vom politischen Bewusstsein der Akteure hätte man dies nicht unbedingt erwarten können. So fanden sich in den Nachkriegsparteien nicht bloß Weimarer (und z. T. auch NS-Repräsentanten). Auch starke autoritäre Elemente prägten die politische Kultur („Kanzlerdemokratie"). Man erinnere sich nur daran, dass Adenauer nach seiner Zeit als Kanzler gerne auch Bundespräsident nach Art des früheren Reichspräsidenten geworden wäre, der von der Weimarer Verfassung eine starke Rolle zugewiesen bekommen hatte und über eine extensive Auslegung von Art. 48 letztlich ebenfalls mit dazu beitrug, die politische Ordnung zu zerstören.

Mentalitätsgeschichtlich rückt daher plötzlich das 19. Jahrhundert sehr viel näher an uns heran, als man es sich vielleicht vorgestellt hätte. Es scheint so, dass hier die Wurzeln für bestimmte Aspekte unserer politischen Mentalität (Etatismus, besondere Rolle der Verwaltung, Bildungsbürgertum, Kulturbegriff,

Kulturbetrieb, Konsensorientierung etc.) zu finden sind. Dabei war die erste Hälfte des 19. Jahrhunderts im Hinblick auf die Rolle liberaler und demokratischer Ansätze (beides ist zu unterscheiden) durchaus vergleichbar mit der Entwicklung in anderen europäischen Ländern. Die gescheiterte Revolution von 1848 hat dann aber enorme Spuren hinterlassen. Politisch und mentalitätsgeschichtlich war von entscheidender Bedeutung, dass die „deutsche Frage" kleindeutsch unter preußischer Hegemonie gelöst wurde. Es sind zwar nicht (nur) die großen Persönlichkeiten, die Geschichte machen. Doch spielen solche immer wieder eine hervorragende Rolle. Und hier ist eindeutig Bismarck und sein politisches Handeln zu nennen. Er prägte für Generationen das Politikverständnis, setzte z. B. die entscheidenden Markierungen für eine staatliche Sozialpolitik. Mit Preußen kam eine bestimmte Variante des Protestantismus, eine bestimmte Vorstellung von Staat und Verwaltung, eine bestimmte hegemoniale Trägergruppe als Funktionselite zum Zug. Für mich war es erstaunlich, vor diesem Hintergrund immer wieder die Analysen von Helmut Plessner (1974) zu lesen. Alle relevanten Stichworte finden sich in dieser bereits 1935 im holländischen Exil verfassten Schrift: Das unpolitische Bürgertum, die religiöse Funktion der deutschen Kultur, der besondere Bedarf an geschichtlicher Legitimation der Politik, die autoritäre Biologie und immer wieder die Rolle des Luthertums. Plessner spricht von einer „ideellen Entfremdung Deutschlands von der westlichen Welt", er diagnostiziert die Distanz des deutschen politischen Denkens zu den Leitbegriffen des Natur- und Völkerrechts und der aufklärerischen Humanitätsentwicklung (58). Eine entscheidende Ursache für diese „Verspätung" bzw. Lücke ist für ihn der Protestantismus lutherischer Provenienz. „Der Staat als Vertrag im Sinne der Übereinkunft zwischen freien Bürgern ist spezifisch ein westliches Ideal. In seinem Ursprung steht die Umwertung des Menschen zu civis. Seine Substanz ist ein tägliches Plebiszit. Seine Grundform ist Gesellschaft." (63).

In Deutschland dagegen pflegt man das „Volk" und die Gemeinschaft und sieht im Konzept der Gesellschaft etwas Wesensfremdes. Der Staat wird überhöht und ist daher sehr viel mehr als ein bloßer pragmatischer Apparat zur Organisation der Gesellschaft. Die Idee dahinter ist die des Reiches, das Bindemittel ist das Blut.

Nun hat Deutschland zwar geistige Revolutionäre. Doch: „Noch in seinen „aufgeklärtesten" Positionen wahrt deutscher Geist seine Bindung an die evangelische Frömmigkeit." (77). ... „Geister wie Montesquieu, Hume oder Voltaire, unsystematisch und weltmännisch, doch nie flach, souverän und skeptisch, doch nicht haltlos, haben in Deutschland trotz Kant, Schopenhauer und Nietzsche ... keine tiefere Resonanz" (77).

7 Slogans und Leitformeln und die Grundlagen von Kulturpolitik 117

Die Kultur in Deutschland ist „säkularisiertes Luthertum, nicht säkularisiertes Christentum" (79), was den Ausschluss von Einflussnahme des Katholizismus erklärt.
Wie geschieht kulturelle Vergesellschaftung, wie und wo werden Mentalitäten produziert? Zunächst einmal kommen die klassischen Bildungs- und Erziehungsinstanzen und Sozialisationsfelder in den Sinn: Familie, Schule, Jugendarbeit, Medien, Peer Group. Es wäre interessant, bei wichtigen Anhängern der Kulturstaatsidee entsprechende Untersuchungen über ihren Bildungsweg vorzunehmen. Vermutlich wird die Konfession sowie die Zugehörigkeit zum Bildungsbürgertum ein häufiger festzustellendes Merkmal sein. Damit ergibt sich, dass man sich mit der Erblast der Entwicklung der bürgerlichen Gesellschaft im 19. Jahrhundert auseinandersetzen muss. Deutschland, die verspätete Nation (Plessner), Deutschlands weiter Weg nach Westen (Winkler), Deutschlands Intellektuelle mit ihrer Pflege des A- oder sogar Antipolitischen, nachdem sie eine zeitlang auf die falschen Werte gesetzt haben, Deutschlands begrenzte Fähigkeit zur Moderne, der Illiberalismus der Eliten: Es könnte sein, dass die aktuelle Kulturpolitik nicht nur von kulturellen Ressourcen zehrt, die in anderen Feldern produziert werden: Es könnte auch sein, dass die „Kulturlandschaft Deutschland" und die dazugehörige Kulturpolitik mit einer Erblast zu tun hat, die bislang zu wenig thematisiert worden ist. Zu diesem kulturellen Erbe gehören wichtige Stichwortgeber, oft Intellektuelle oder Künstler mit einer großen öffentlichen Ausstrahlung. Am Beispiel von Thomas Mann lässt sich exemplarisch studieren, wie Zeitgeist, eine politische Argumentationslogik und eine bedeutende Persönlichkeit zusammenhängen können.

Thomas Mann und das Bürgertum

Es scheint eine Sehnsucht nach dem Bürgertum oder zumindest nach wohlanständiger Bürgerlichkeit zu geben. Wo sind die Tugenden des seriösen Kaufmanns geblieben, seine Zuverlässigkeit und Redlichkeit, sein Anstand und seine Sparsamkeit? Viele interpretieren die derzeitige Finanz- und Wirtschaftskrise unter moralischen Aspekten: als Mangel an Tugenden, die einmal als bürgerliche gegolten haben. Und viele sehen in dem Markt- und Staatsversagen (letzteres, weil es der Staat versäumt hat, klare Regeln zu setzen) eine neue Chance für Kunst und für Religion. Denn beides sind Instanzen der Sinnstiftung und unterbreiten Vorstellungen von der Welt und von sich selbst, die gerade nichts mit dem Shareholder-Value zu tun haben.
Vielleicht ist es daher kein Zufall, dass Heinrich Breloer nach seiner großen Thomas-Mann-Biographie nunmehr das frühe Hauptwerk des vielleicht Bürger-

lichsten unter unseren Schriftstellern mit großem Aufwand in die Kinos bringt – auch wenn es sich um eine grandiose Verfallsgeschichte einer Bürgerfamilie handelt. Vielleicht, so die Hoffnung, lässt sich aus dem Verfall dieser Familie dann doch noch etwas lernen, was uns bei unserer heutigen Sinnkrise hilft.

Thomas Mann ist auch in einer anderen Hinsicht interessant für uns, weil er nämlich die Ambivalenz des Bürgertums zeigt. Und dieses Bürgertum ist das des Wilhelminischen Kaiserreiches. 1875 wurde er geboren, hat die ersten Jahre in Lübeck, die nächsten Jahre dann in München verbracht, hat also das protestantische und das katholische Milieu kennen gelernt. Früh setzt er seinen Wunsch nach einem Leben als Künstler durch – und erfährt wiederum die Spannungen zwischen dem Dasein als Künstler und als Bürger. Sein frühes Hauptwerk, für das er später den Nobelpreis erhalten soll, vollendet er im Alter von 25 Jahren. Schopenhauer und Anna Karenina, so schreibt er später, sind seine Begleitlektüre während der Abfassung des Romans. Früh hat er seine großen Drei, nämlich Goethe, Schopenhauer und Nietzsche, für sich entdeckt. Dazu kommen Tolstoi und Dostojewski. Diese Vorliebe hält bis ins hohe Alter.

Interessant ist Thomas Mann, weil er sich einmischt in die Politik und mit hohem Aufwand nicht nur diese Einmischung begründet, sondern paradoxerweise auf über 400 Seiten beschreibt, warum eine solche Einmischung in die Politik für einen Künstler und Ästheten nur von Übel sei. Dialektisch muss man also schon denken, wenn man sich mit dieser Ikone deutscher Bildung und Kultur auseinandersetzt. Seine politischen Einmischungen sind hoch aktuell. Denn man lernt sehr viel über ein aktuelles Thema, das ich in einigen Aufsätzen immer wieder angesprochen habe: Den Hang der Deutschen zu einem starken Staat, der selbst in der Kulturpolitik – heute unter dem Label des Kulturstaates – fröhliche Urstände feiert. Wo kommt dieser Hang her und: ist es überhaupt legitim, von einer entsprechenden Mentalität der Deutschen zu sprechen? Ist es in Zeiten, in denen „Vielfalt" zu einem Leitbegriff nicht nur der Kulturpolitik geworden ist, angemessen, alle über einen Kamm zu scheren? Sicherheitshalber nenne ich daher mein Vorgehen einen „Versuch".

Doch gibt es Vorbilder, die ermutigen. Mme. de Stael versuchte bereits zu Zeiten Goethes, ihren Franzosen die Deutschen zu erklären (De l'Allemagne, 1813). Rund 150 Jahre später ist es ein kluger Amerikaner, der mit weitem Horizont und großer Zuneigung die Finger in die Wunde legt (Craig 1982). Norbert Elias liefert uns mit seinem Konzept des Habitus ein wichtiges Verständnismittel und legt „Studien über die Deutschen", vor allem über Nationalismus und Gewalt, vor. Und nicht zuletzt stößt man auf die tiefschürfenden geistesgeschichtlichen Studien, die Helmut Plessner in seinem holländischen Exil 1935 schreibt und die unter dem Titel der „verspäteten Nation" erst Mitte der 50er Jahre in

7 Slogans und Leitformeln und die Grundlagen von Kulturpolitik

Deutschland erschienen – in Sprache und Inhalt bis heute kaum veraltet. Liest man all dies, so drängt sich auf die Titelfrage die Antwort auf: Nein.
Doch nun zu Thomas Mann. Im Jahre 1915 veröffentlicht er seine kleine Schrift „Friedrich und die große Koalition" (Gesammelte Werke, Bd. X, 76ff.), in der er wie viele andere Künstler und Intellektuelle die deutsche Seite im Kriege stützt und viele Argumente für die Notwendigkeit dieses Krieges anführt. Man erinnere sich: Schon im Vorfeld tobte ein Kampf zwischen Vertretern der tiefen deutschen „Kultur" und der englischen und französischen „Zivilisation", so dass man von einem „Kulturkrieg" sprach. Allerdings gab es nicht nur auf Seiten der Alliierten harte Kritiker gerade der kleinen Schrift von Thomas Mann – mit Romain Rolland setzt er sich später ausführlich auseinander. Auch unter den Deutschen gab es Intellektuelle und Künstler, die die Position von Thomas Mann nicht teilten. Sein Bruder Heinrich gehörte zu diesen. Dessen Kritik hat Thomas offenbar heftig getroffen. Denn er schreibt in der Folgezeit ein umfangreiches Buch, die „Betrachtungen eines Unpolitischen": „Das Buch, in den Kriegsjahren geschrieben, war ein leidenschaftliches Stück Arbeit der Selbsterforschung und der Revision meiner Grundlagen, meiner Gesamt-Überlieferung, welche die einer politikfremden deutschbürgerlichen Geistigkeit war, eines Kulturbegriffs, zu dessen Gestaltung Musik, Metaphysik, Psychologie, eine pessimistische Ethik, ein individualistischer Bildungsidealismus sich vereinigt hatten, der aber das politische Element geringschätzend ausschied", so Mann in seinem Aufsatz „Kultur und Politik" (1939; Werke XII, 853 ff.), in dem der nunmehr Sechzigjährige auf das Werk des Vierzigjährigen zurückblickt. Mentalitätsgeschichtlich sind beide Texte, die 400 Seiten von 1917 und die 10 Seiten von 1939, hoch interessant. Denn der lange Text, brillant geschrieben, zwar nach Mann kein Kunstwerk, aber ein Künstlerwerk, kann quasi als konzise Beschreibung deutsch-bürgerlicher Mentalität, kann als Grundbuch eines reflektierten Konservativismus gelten. Wer den Text liest, kann sich der packenden Sprache kaum entziehen, selbst wenn angesichts der – heute muss man sagen – reaktionären Positionen fast auf jeder Seite der Atem stockt. Beiläufig erfährt man zudem vieles Interessante über Entstehung und Hintergrundüberlegungen vor allem zu den Buddenbrooks und zu Tonio Kröger. Wer glaubt, das Urteil „reaktionär" sei zu hart, lese bei Mann selbst (zitiert nach Bd. 4 der Gesammelten Werke): „dass es ein Irrtum deutscher Bürgerlichkeit war, zu glauben, man könne ein unpolitischer Kulturmensch sein" (854), dass der „Weg in die Kulturkatastrophe des Nationalsozialismus mit Politiklosigkeit des bürgerlichen Geistes in Deutschland zusammenhängt" (854). Und weiter: „Das politische Vakuum des Geistes in Deutschland, die hoffärtige Stellung des Kultur-Bürgers zur Demokratie, seine Geringschätzung der Freiheit ... hat ihn zum Staats- und Machtsklaven ... gemacht ... und ihn in solche Erniedrigung gestürzt, dass man sich fragt, wie er je

vor dem Angesicht des Weltgeistes wieder die Augen wird aufschlagen können." (857). Und ein letztes Zitat: „Die Frucht seines ästhetischen Kulturbürgertums ist ein Barbarismus der Gesinnung, Mittel und Ziele, wie die Welt ihn noch nie sah." (860)

Diese (selbst-)kritischen Positionen fanden auch Eingang in sein literarisches Werk. So schreibt er während der Abfassung seines Mammutwerkes über Joseph im Jahre 1933 seinen Roman „Lotte in Weimar", in dem die Politik und speziell Goethes Verhältnis zu den Befreiungskriegen gegen Napoleon eine große Rolle spielen. Dort lässt er Goethes Sohn August zu Lotte sagen: „Ist doch die Politik ihrerseits nichts Isoliertes, sondern steht in hundert Bezügen, mit denen sie ein Ganzes und Untrennbares an Gesinnung, Glauben und Willen... bildet. Sie ist in allem Übrigen enthalten und gebunden, im Sittlichen, im Ästhetischen, scheinbar nur Geistigen und Philosophischen ..." (Werke 2, 604).

Man vergesse nie, dass all die später von Mann kritisierten Positionen solche sind, die er selbst mit höchster Sprachgewalt und fulminantem Bildungswissen in seiner frühen Schrift verteidigt. Dort geht es ihm um die „Abwehr ungerechter Ehrenkränkung", wobei er mit hohem Selbstbewusstsein sich selbst und Deutschland gleichermaßen gekränkt sieht und daher auch beides im selben Aufwasch verteidigt. Bevor einige Kostproben von Positionen gegeben werden, ein Kommentar zu seiner Entschuldigungs- und Bekenntnisschrift aus dem Jahre 1939, geschrieben im amerikanischen Exil. Es schreibt ein inzwischen zur Demokratie – ein Schimpfwort noch in der frühen Schrift – Bekehrter. Es ist also eine Wende um 180 Grad. Und dies ist aller Ehren wert. Wer allerdings beide Texte vergleicht, spürt in jeder Zeile des ersten Textes das Herzblut, den ganzen Menschen mit seiner Grundüberzeugung. Im zweiten Text dagegen ist es trotz guter und wichtiger Worte eben bloß der Verstand, der die Richtung diktiert, wobei auch der höchst unterschiedliche Aufwand an Buchseiten eine deutliche Sprache spricht. Im ersten Text ist das Ich des Autors allgegenwärtig, im zweiten sind es allgemein „die Bürger", deren Fehlhaltung er kritisiert. Mann geht so weit, dass er seine frühe Schrift als ersten Schritt seines Bewusstseinswandels definiert. Fast kann man es mit seinen eigenen Worten – bei ihm bezogen auf Tolstoi – kommentieren: „Ich habe .... das Riesenwerk wieder gelesen, – beglückt und erschüttert von seiner schöpferischen Gewalt und voller Abneigung gegen alles, was Idee, was Geschichtsphilosophie darin ist ..." (503). Er dürfte allerdings der Einzige sein, der in dieser fulminanten Verteidigungsschrift der ganzen politischen Rückständigkeit des deutschen Bürgertums mit seiner flammenden Begründung von Nationalismus und deutscher Besonderheit bereits ein „demokratisches Bekenntnis" im Ansatz erkennen kann (854). Doch soll man Menschen nicht überfordern, denn Mentalitäten sitzen tief, haben nur begrenzt mit Wissen und Einsicht zu tun. Der Habitus, so Elias und Bourdieu, entsteht eher beiläufig und alltäglich, entsteht en passant. Dafür sitzt er aber um so tiefer. Lesen wir also die „Betrachtungen eines Unpolitischen" – übrigens eine Redewendung, die Mann von Goethe übernommen hat und die man auch bei Dostojewski findet – als analytisches Psychogramm einer gesellschaftlichen Schicht.

Natürlich hat dieser komplexe Text so viele mögliche Lesarten, wie sie noch nicht einmal hier angedeutet werden können. Er liefert eine Apologie des Krieges, des deutschen Nationalismus, des a(nti)politischen Bürgers und Künstlers, der zivilisationsfeindlichen Kultur, der deutschen Tiefe, einer elitäraristokratischen Vorstellung von politischer Ordnung. Der Krieg: Es ist ein „moralischer Krieg" (155), er ist Deutschland aufgezwungen worden durch eine Verschwörung des Internationalen Freimaurertums mit dem Ziel, aus Deutschland eine ihm wesensfremde Demokratie westlichen Musters machen zu wollen (54). Die Deutschen werden diese Demokratie niemals lieben können, weil „der vielverschrieene „Obrigkeitsstaat" die dem deutschen Volke angemessene, zukömmliche und von ihm im Grunde gewollte Staatsform ist und bleibt" (30). Denn: „Der Unterschied von Geist und Politik enthält den von Kultur und Zivilisation, von Seele und Gesellschaft, von Freiheit und Stimmrecht, von Kunst und Literatur; und Deutschtum das ist Kultur, Seele, Freiheit, Kunst und nicht Zivilisation, Gesellschaft, Stimmrecht, Literatur" (31). Der Deutsche ist friedliebend und speziell ist es das Wilhelminische Kaiserreich. Doch gibt es uneinsichtige Menschen, im Ausland ohnehin (Rolland, Shaw), aber auch in den eigenen Reihen, die dies negieren, vielleicht sogar: wider besseres Wissen negieren. Thomas Mann schafft für diese die Kunstfigur des „Zivilisationsliteraten": unpatriotisch, eher französisch und an der Aufklärung orientiert, schreibt Gesellschaftsromane, verrät die deutsche Seele an oberflächliche und unglaubwürdige Werte wie Freiheit und Demokratie. Es fällt nicht schwer, seinen Bruder Heinrich hinter dieser Chiffre zu erkennen. Dessen kritische Psychogramme deutscher Bürgerlichkeit (Prof. Unrat, Der Untertan) passten in diese deutsch-nationale Anhimmelung des Bürgers wenig hinein. Der Zivilisationsliterat ist westlich, ist schlicht undeutsch. Die Demokratie ist ohnehin das Schreckgespenst des deutschen Bürgers: Proleten ohne Abitur und Bildung maßen sich an, den Staat regieren zu können. Einige angelernte Floskeln reichen, um höchste Staatsämter zu erreichen. Interessant ist es, welche Referenzautoren Thomas Mann zuzieht. Goethe, Wagner, Schopenhauer und Nietzsche habe ich schon genannt. Natürlich taucht Schiller, Ehrenbürger des revolutionären Frankreich, nur ein einziges Mal auf, obwohl auch er sich nach der Niederlage gegen Napoleon und dem Ende des Römischen Reiches Deutscher Nation einmal recht nationalistisch geäußert hat: Mögen andere Völker auch militärisch siegreich sein, die Deutschen dominieren im Reich des Geistes. Es war diese Niederlage, die endgültige Besiegelung des Heiligen Römischen Reiches, die den Chauvinismus überschwappen ließ. Auch Fichte gehörte zu jenen, die die Deutschen als Nation gern geeint gesehen hätten und der in seiner Ermutigung der Deutschen den Patriotismus in Richtung Chauvinismus hoffnungslos überzieht. So erläutert er beispielsweise in seiner vierten „Rede an die Deutsche Nation" (1808), dass die deutsche Sprache ohnehin über allen anderen stehe und deshalb der Deutsche, der eine Fremdsprache erlerne, diese dann besser beherrsche als der Muttersprachler.

Doch welche zeitgenössischen Autoren zitiert Thomas Mann? Wer Fritz Stern (1963) gelesen hat, kennt deren politische Bedeutung: St. Chamberlain und Lagarde zum Beispiel, Nationalisten, Antisemiten, Stichwortgeber für alle, die später in der Weimarer Republik eine unheilvolle Rolle spielten. Dazwischen finden sich immer wieder hoch interessante Passagen, die man heute als Dekonstruktion bezeichnen würde, etwa zur „Tugend", zum „Bürgertum", zu „Kunst" und zu „Literatur". Von großem Interesse ist auch – fast ein roter Faden – die Auseinandersetzung zwischen Bürger und Künstler, zweier Seelen in der Brust von Thomas Mann. Der Künstler war im 19. Jahrhundert für den Bürger immer ein Doppeltes: Zum einen die höchste Ausprägung von Individualität, also einer zentralen Bürgertugend. Er war aber auch stets Bohème, nicht zugelassener Wunschtraum eines zügellosen Lebens. „Tonio Kröger" macht gerade dies zum Thema. Und es ist kein Zufall, dass Thomas Mann in der pessimistischen Verfallsgeschichte der Buddenbrooks Schopenhauer als seinen Bezugsautor bestimmt, Tonio Kröger aber im Geiste Nietzsches geschrieben sieht (91). Es gilt wohl auch für ihn selbst: Tonio Kröger als etwas „Ironisch-Mittleres zwischen Künstlertum und Bürgerlichkeit" zu sehen (ebd.). Für Thomas Mann sind Schopenhauer und Nietzsche zeit seines Lebens die wichtigsten Stichwortgeber. Er liest beide Autoren als Moralphilosophen und Ethiker. Dem Einfluss von Schopenhauer dürfte letztlich auch seine Aversion gegen Hegel zu verdanken sein. Denn dieser hatte als junger Dozent die Mission, den preußischen Staatsphilosophen – seinerzeit auf der Höhe seines öffentlichen Ansehens – vom Throne zu stürzen. Zeitgleich setzte er seine Vorlesungen an, um Hegels Hörer abzuwerben. Das Ergebnis war so katastrophal, dass er seine Universitätslaufbahn beendete, bevor sie begann. Doch bleiben Hegel und der staatsfromme Protestantismus bei einer zentralen Frage tonangebend: Für Thomas Mann war politisches Denken identisch mit Denken in Kategorien des Staates: „Denn Politik ist Teilnahme am Staat, Eifer und Leidenschaft für den Staat" (149). Dagegen setzte Mann Religion, Philosophie, Kunst, Dichtung, Wissenschaft (ebd.). Politik ist schmutzig und charakterlos: „Dass wir nicht von Politikern ... reden, liegt auf der Hand. Das ist ein niedriges und korruptes Wesen ..." (231). „Leben" wird zur zentralen Kategorie. Es ist diese Lebensphilosophie, die der von ihm wohlwollend zitierte junge Georg Lukacs (103) später in einem Alterswerk als wichtige Verfallslinie des Geistes hin zum Nationalsozialismus beschreibt (Lukacs 1962).

7 Slogans und Leitformeln und die Grundlagen von Kulturpolitik

Eine besondere Aufmerksamkeit verdient der Protestantismus. Es wird an vielen Stellen deutlich, wie eng Thomas Mann die Verbindung zwischen Deutschtum und Protestantismus sieht. Der führende Kulturprotestant Ernst Troeltsch wird zustimmend zitiert. Für die Webersche These „Vom Geist des Protestantismus" (1905) als geistiger, ethisch-moralischer Grundlage und Entstehungsbedingung des Kapitalismus nimmt er selbstbewusst Urheberrechte in Anspruch (145). In der Tat findet sich in dem Konflikt zwischen Thomas und Christian Buddenbrook. Bis in seine fast industriell organisierte Schriftstellertätigkeit verkörpert Thomas Mann selbst diese protestantischen Arbeitstugenden. Kant, eigentlich der „maßgeschneiderte" Philosoph dieser strengen Ethik, spielt keine Rolle bei Thomas Mann, obwohl er neben Platon der einzige von Schopenhauer akzeptierte Philosoph ist. Nur dort, wo er sich an Schopenhauer anschließt bei dessen These, dass es nicht das Handeln ist, das eine ethisch-moralische Bewertung verdient, sondern die innere Einstellung zur Tat, bekennt er sich zu Kant. Handeln, so könnte man salopp sagen, ist eben nicht sein Ding als Künstler. Häufiger zitiert er Goethe: „Der Handelnde ist immer gewissenlos. Es hat niemand Gewissen als der Betrachtende." (579). Dürrenmatt formulierte dies später lakonisch so: „Der Handelnde hat immer Unrecht". Das deutsche Volk jedoch hat gehandelt, indem es die Reformation hervorbrachte. Gerne stützt sich Mann auf die These, dass Frankreich die Revolution nötig hatte, eben weil es keine Reformation hatte. Und ausführlich gibt er Überlegungen von Dostojewski wieder, die den Schicksalsweg des deutschen Volkes, die dessen historische Aufgabe als „Protest" beschreiben. Hier ordnet er sich ein in seinem Protest, eben nicht westlich-modern sein zu wollen.

Welche Rolle spielt nun dieses Werk in Hinblick auf unsere mentalitätsgeschichtlichen Thesen? Es beschreibt den Wertehaushalt und die Deutungsmuster des Wilhelminischen Bürgertums und gibt Hinweise darauf, wie diese zustande gekommen sind. Man versteht besser, wieso es „Gesellschaft" in der Selbstbeschreibung der Deutschen so schwer hatte und weshalb die Blutverbindung der Gemeinschaft den Vorzug bekam. Helmut Plessner musste sich noch Anfang der 20er Jahre eine „Philosophie der Kälte" vorwerfen lassen, als er 1924 in seiner Jugendschrift „Grenzen der Gemeinschaft" gegen den Gemeinschaftskult im politischen und sozialen Denken anging. Wichtig sind die Erkenntnisse seines Textes (1959 unter dem Titel „Die verspätete Nation" erschienen, geschrieben 1935 im holländischen Exil) in Hinblick auf die politischen und kulturellen Folgen dieser Mentalität. Gerade die „Betrachtungen" von Thomas Mann sind als Bündelung und Intellektualisierung dieser Position Teil dieser unheilvollen Wirkungsgeschichte. Eine zweite Auflage erscheint 1922. Sie kann als Fundgrube und Referenz für all jene gelten, die ihre Probleme mit der Republik, dem Parlamentarismus und der Demokratie von Weimar hatten. Ihr chauvinistisch-nationalistischer Grundtenor fand weite Verbreitung, wobei – durchaus entgegen den Absichten ihres Verfassers – der Weg vom Nationalismus zum Nationalsozialismus nicht immer weit war. Wer die „Betrachtungen" zugleich mit den langen Passagen in Littells „Die Wohlgesinnten" liest, in denen Nazi-Intellektuelle sich ihrer Weltanschauung versichern, kann die Parallelen nicht ignorieren. Für die Funktionseliten im NS-Staat genügten die Streicher-Tiraden im „Stürmer" eben nicht. Wie klingt etwa ein Abschnitt wie der folgenden: „Der Friede Europas sei ... ein deutscher Friede. Der Friede Europas kann nur beruhen auf dem Siege und der Macht des übernationalen Volkes, des Volkes, das die höchsten universalistischen Überlieferungen, die reichste kosmopolitische Begabung, das tiefste Gefühl europäischer Verantwortlichkeit sein eigen nennt. Dass das gebildetste, gerechteste und den Frieden am wahrsten liebende Volk auch das mächtigste, das gebietende sein – darauf, auf der .... Macht des Deutschen Volkes, ruhe der Friede Europas." (207). Was heißt dies anderes, als dass am deutschen Wesen die Welt genesen solle?

Und so sollte man die „Betrachtungen" parallel zu Plessners „Verspäteter Nation" lesen. Denn der umfangreiche Mannsche Text kann geradezu als empirische Unterfütterung der harten Analyse dessen gelten, worin das „Verspätete", das Anti-Moderne der Deutschen liegt. Natürlich fiel Thomas Mann früh in Ungnade bei den Nazis. Schon in der Weimarer Zeit gelang ihm der Übergang zu demokratischen Positionen. Doch ließen sich viele später in der Bundesrepublik angesehene Künstler und Wissenschaftler als „nützliche Idioten" (Lenin) von den Nazis vor den Karren spannen, weil sie von der Illusion ausgingen, sie könnten diese als „nützliche Idioten" für ihre eigenen politischen Ziele benutzen. Und so machten die Benn, Wigman, Hauptmann, Heidegger, Spranger, Nohl und viele andere erst einmal ihren Frieden mit den neuen Machthabern.

Und heute? Die Sehnsucht nach dem starken Staat, um den man sich nicht weiter kümmern muss, der sich dagegen redlich um die Unterstützung von Kunst und Künstlern kümmert: Diese Sehnsucht ist immer noch vorhanden. Ebenso ist es die Sehnsucht nach einer deutschen „Leitkultur", nach der Sicherung der großen Kulturleistungen früherer Zeiten. Es ist schon erstaunlich, wie naiv man heute über „Kultur" und „Bildung" im Geiste des 19. Jahrhunderts reden kann, ohne die Missbrauchs- und Verfallsgeschichte, ohne die schwarzen Seiten beider Leitformeln zur Kenntnis zu nehmen. Lernen könnte man im Hinblick auf beide Begriffe, dass eine rein anthropologische bzw. geistesgeschichtliche Begründung zwar notwendig ist, aber leicht zur bloßen Ideologie verkommt, wenn die Realgeschichte ihrer sozialen Anwendung vernachlässigt wird. „Bildung" und „Kultur" sind – wie alle gehaltvollen Begriffe – zwar auch theoretische, aber eben auch politische und ideologische Begriffe (Bollenbeck, 1994; Fuchs, 2008).

7 Slogans und Leitformeln und die Grundlagen von Kulturpolitik

Bis heute sitzen Ideen der „Betrachtungen" von Thomas Mann tief in unseren Mentalitäten. Zwar haben die Deutschen auf eine Weise ihren Frieden mit der Demokratie gemacht, wie das vermutlich kaum einer nach 1945 erwartet hätte. Aber man lese einmal die Überlegungen zum Kanon der Konrad-Adenauer-Stiftung, man lese die verschiedenen Statements zur „Leitkultur". Ein anderer Aspekt ist ebenfalls interessant. Ebenso wie Thomas Mann in den „Betrachtungen" das Deutsche gegen den Westen verteidigt und den Ersten Weltkrieg aus deutscher Sicht zu einem „moralischen Krieg" erklärt, gab es viele Pro-Amerikaner in Deutschland, die den Krieg der USA („den Westen") gegen den Irak als „gerechten Krieg" unterstützten und mit ähnlicher Vehemenz, wie Thomas Mann die Zivilisationsliteraten und Pazifisten schmähte, die Gegner dieses Krieges beschimpften. An der intellektuellen Spitze dieser Bewegung stand seinerzeit die „Zeitschrift für europäische Kultur", der Merkur. Immerhin hat Thomas Mann seine Irrtümer erkannt und öffentlich korrigiert. Ähnliches war selbst dann nicht aus dem Kreis der Merkur-Ideologen zu hören, als sich so nach und nach alles Gerede über Giftgas im Irak als Lüge herausstellt. Die Lernfähigkeit dieser intellektuellen Spitze des konservativen Bürgertums ist offenbar begrenzter als bei Thomas Mann.

Das Bürgertum: Es war in den letzten 20 Jahren Gegenstand aufwendiger Forschungsprojekte in Bielefeld, Frankfurt und anderswo (vgl. Schulz, 2005). Es hatte im 19. Jahrhundert die kulturelle Hegemonie erkämpft und dabei eine angemessene Beteiligung an der politischen Gestaltung der Gesellschaft und eine demokratische Politik ausdrücklich nicht betrieben, sondern sogar energisch liberale Tendenzen aus der Zeit vor 1848 zurückgedrängt. Ob deshalb gerade das deutsche Bürgertum aufgrund seiner Geschichte – sofern es überhaupt noch identifizierbar ist – den Weg aus der heutigen Krise zeigen kann, ist daher höchst fraglich. Thomas Mann schreibt, dass er bei seinem Verständnis von Bürgertum an sehr viel ältere Vorstellungen anknüpft. Der Bourgeois, der Wirtschaftsbürger des aufkommenden Kapitalismus, ist es jedenfalls nicht, an den er denkt, wenn er von Bürgern spricht. Es ist auch nicht der Citoyen, der sich seinen Anteil an der Macht erkämpft. All dies ist ihm zu modern, zu westlich. So lässt er in dem Roman „Königliche Hoheit" (1909) mit S. N. Spoelmann zwar einen Kapitalisten amerikanischer Prägung auftreten. Dessen Funktion besteht jedoch letztlich darin, mit seinen erheblichen Mitteln die vormodernen Strukturen eines kleinen Fürstentums zu bewahren. Es sind nämlich romantische Vorstellungen von Bürgertum und Politik, denen der Autor anhing.

Der ganze Text der „Betrachtungen" ist ein Dokument des konservativen Antimodernismus, der mit der Entwicklung der Gesellschaft nicht klar kommt. Dessen einziges Refugium bleiben dann nur Kunst und Bildung. (Für einen europäischen Vergleich siehe Hobsbawm 1989). Dies scheint auch in der DDR nicht anders gewesen zu sein. Uwe Tellkamp beschreibt in seinem prämierten Roman „Der Turm" – vom Verlag mit den Buddenbrooks verglichen – den Verfall einer (Bildungs-)Bürgerfamilie in Dresden, die sich recht gut mit den politischen Verhältnissen arrangiert hat. Auch hier entstehen zaghafte Formen des Protestes erst, als die Behaglichkeit des Lebens in Hausmusik und den großen Werken der Literatur gestört wird. Die Tugenden der Bürgerlichkeit? Vielleicht sind sie doch eher schöne Tagträume und euphemistische Beschreibungen von Wunschbildern als Realität. Bildung, so Goethe, war der Adelsschlag des Bürgertums. Doch hatte diese bei Humboldt noch emanzipatorischen Charakter, war gerade nicht so antipolitisch, wie Mann sie beschreibt. Es wurde jedoch die zentrale Einrichtung ihrer Vermittlung, das humanistische Gymnasium, recht bald zu einer geistlosen Paukschule. Thomas Mann weist selbst darauf hin: Die letzten Kapitel der Buddenbrooks befassen sich fast nur mit der Schule. Er spricht von einer „Verpreußung und Enthumanisierung des neudeutschen Gymnasiums" (239; vgl. auch Ruppelt 2004). Die Schule in einer Gesellschaft hat allerdings stets die Form, die diese Gesellschaft will. Sie ist zentraler Ort der Habitus-Entwicklung, so dass die Schulgeschichte Aufschlussreiches über die Geschichte dem Mentalitäten verrät. Es ist daher kein Zufall, dass die Veränderung der Schule mit einer Veränderung der Bürgerlichkeit einhergeht. Die Lektüre von Thomas Mann – gerade auch seiner politischen Schriften – lohnt sich. Sie lohnt sich gerade dort, wo er irrt. Denn wenn sich große Geister irren, tun sie dies auf eindrucksvolle Weise, die oft lehrreicher ist als viele politisch-korrekte Ausführungen. Meine These ist, dass die antimoderne Bürgerlichkeit bis heute lebendig ist (Lepenies 2006). Dass der Einfluss des Protestantismus auf unser Denken über Kultur und Bildung lebendig ist. Dass die immer noch aktuelle Affinität zum (Kultur-)Staat wesentlich auf diesen mentalitätsgeschichtlich nachweisbaren langlebigen Einfluss dieser Verbindung von apolitischem Bürgertum und Protestantismus zurückzuführen ist.

Die „Betrachtungen" werden so entgegen ihrer Kernbotschaft, nämlich des Plädoyers, unpolitisch, ja a(nti)politisch sein zu müssen, zu einem eminent politischen Buch. Man kann eben nicht nicht-politisch sein, denn auch dies ist eine politische Haltung, die meist denen nützt, mit denen man nichts zu tun haben will.

Literaturverzeichnis

Abelein, M.: Deutsche Kulturpolitik. Dokumente. Düsseldorf: Bertelsmann 1970.
Akademie Remscheid (Hg.): Kulturpädagogik 2002, Bd. 2. Thema: Bildung – Brücke zwischen den Kulturen. Remscheid: 2002.
Albrecht, C. u.a.: Die intellektuelle Gründung der Bundesrepublik. Frankfurt/M./N.Y: Campus 2000
Andersen, U./Woyke, W. (Hg.): Handwörterbuch des politischen Systems der Bundesrepublik Deutschland. Opladen: Leske und Budrich 1993.
Bäßler, K./Fuchs, M./Schulz, G./Zimmermann, O.(Hg.): Kulturelle Bildung: Aufgaben im Wandel. Berlin: Deutscher Kulturrat 2009
Beck, G.: Verbotene Rhetorik. Frankfurt/M.: Eichborn 2005
Beßlick, B.: Wege in den „Kulturkrieg". Zivilisationskritik in Deutschland 1890 - 1914. Darmstadt: WBG 2000
Bollenbeck, G.: Bildung und Kultur. Glanz und Elend eines deutschen Deutungsmusters. München: Insel 1994.
Bourdieu, P.: Die feinen Unterschiede. Kritik der gesellschaftlichen Urteilskraft. Frankfurt/M.: Suhrkamp 1987.
Bourdieu, P.: Die männliche Herrschaft. Frankfurt/M.: Suhrkamp 2005
Bourdieu, P.: Was heißt sprechen? Die Ökonomie des sprachlichen Tausches. Wien: Branmüller 1990
Braun, T./Fuchs, M./Kelb, V.:Wege zur Kulturschule. München: Kopaed 2010
Breuer, St.: Anatomie der konservativen Revolution. Darmstadt: Wissenschaftliche Buchgesellschaft 1993
Bruch, R. v./Graf, F. W./Hübinger, G. (Hg.): Kultur und Kulturwissenschaften um 1900. Krise der Moderne und Glaube an die Wissenschaft. Wiesbaden: Steiner 1989.
Brunner, O./Conze, W./Koselleck, R. (Hg.): Geschichtliche Grundbegriffe. 8 Bde. Stuttgart: Klett-Cotta 1972/2004
Bühler, K.: Sprachtheorie. Die Darstellungsfunktion der Sprache. Stuttgart/New York: G. Fischer 1982.
Bundesvereinigung kulturelle Kinder- und Jugendbildung: Kulturelle Vielfalt leben lernen. Remscheid 2006
Bundeszentrale für politische Bildung: Menschenrechte. Dokumente und Deklarationen. Bonn 2004
Bussemer, Th.: Propaganda. Wiesbaden: VS 2005
Cassirer, E.: Philosophie der symbolischen Formen. Erster Teil: Die Sprache. Zweiter Teil: Das mythische Denken. Dritter Teil: Phänomenologie der Erkenntnis. Darmstadt: WBG 1953 (1923) / 1953 (1924) / 1954 (1929). (PSF)

Cassirer, E.: Versuch über den Menschen. Einführung in eine Philosophie der Kultur. Frankfurt/M.: Fischer 1990 (Original: 1944).
Conze, W./Kocka, J. (Hg.): Bildungsbürgertum im 19. Jahrhundert. Teil I: Bildungssystem und Professionalisierung in internationalen Vergleichen. Stuttgart: Klett-Cotta 1985.
Craig, G. A.: Über die Deutschen. München: Beck 1982
Deutsche Unesco Kommission (Hg.): Übereinkommen über Schutz und Förderung der Vielfalt kultureller Ausdrucksformen. Bonn 2006.
Deutscher Kulturrat (Hg.): Erster Bericht zur Kulturpolitik. Tendenzen – Ereignisse – Stellungnahmen von überregionaler Bedeutung 1987/88. Bonn: Selbstverlag, 1988.
Deutscher Kulturrat: Konzeption Kulturelle Bildung. Essen: Klartext 1994.
Deutsches PISA-Konsortium (Hrsg.) PISA 2000. Basiskompetenzen von Schülerinnen und Schülern im internationalen Vergleich. Opladen: Leske und Budrich 2001.
Deutsches PISA-Konsortium (Hg.): PISA 2000. Die Länder der Bundesrepublik Deutschland im Vergleich. Opladen: Leske und Budrich 2002.
Dinzelbacher, P. (Hg.): Europäische Mentalitätsgeschichte. Hauptthemen in Einzeldarstellungen. Stuttgart: Kröner 1993.
Eagleton, T.: Was ist Kultur? München: Beck 2001.
Ebert, R./Gnad, F./Kunzmann (Hg.): Partnerschaften für die Kultur: Chancen und Gefahren für die Stadt. Dortmunder Beiträge zur Raumplanung 57. Dortmund 1992.
Eder, K.: Geschichte als Lernprozeß? Zur Pathogenese politischer Modernität in Deutschland. Frankfurt/M.: Suhrkamp 1991
Elias, N.: Studien über die Deutschen. Frankfurt/M.: Suhrkamp 1989
Engelhardt, U.: „Bildungsbürgertum". Begriffs- und Dogmengeschichte eines Etiketts. Stuttgart: Klett-Cotta 1986.
Eppler, E.: Kavalleriepferde beim Hornsignal. Die Krise der Politik im Spiegel der Krise der Sprache. Frankfurt/M.: Suhrkamp 1992
Felder, E. (Hg.): Semantische Kämpfe. Macht und Sprache in den Wissenschaften. Berlin/New York: de Gruyter 2006
Forsthoff, E.(Hg.): Rechtsstaatlichkeit und Sozialstaatlichkeit. Darmstadt: WBG 1968
Forsthoff, E.: Der Staat der Industriegesellschaft. München: Beck 1971.
Foucault, M.: Die Ordnung der Dinge. Frankfurt/M.: Suhrkamp 1971
Foucault, M.: Dits et Ecrits. Schriften. Vier Bände. Frankfurt/M.: Suhrkamp 2001 - 2005
Foucault, M.: Sicherheit, Territorium, Bevölkerung. Geschichte der Gouvernementalität I. Frankfurt/M.: Suhrkamp 2006a
Foucault, M.: Die Geburt der Biopolitik. Geschichte der Gouvernementalität II. Frankfurt/M.: Suhrkamp 2006b
Franck, G.: Mentaler Kapitalismus. München/Wien: Hauser 2005
Francois, E./Schulze, H. (Hg.): Deutsche Erinnerungsorte. 3 Bde. München: Beck 2003
Frie, E.: Das Deutsche Kaiserreich. Darmstadt: WBG 2004
Fritz, G.: Einführung in die historische Semantik. Tübingen: Niemeyer 2005
Fröhlich, G./Rehbein, B. (Hg.): Bourdieu Handbuch. Leben – Werk – Wirkung. Stuttgart: Metzler 2009

Fuchs, M.: Das Scheitern des Philanthropen Ernst Christian Trapp. Eine Untersuchung zur sozialen Genese der Erziehungswissenschaft im 18. Jh. Weinheim/Basel: Beltz 1984.
Fuchs, M.: Didaktische Prinzipien – Geschichte und Logik. Köln: Pahl-Rugenstein 1984.
Fuchs, M.: Kulturpolitik als gesellschaftliche Aufgabe. Eine Einführung in Theorie, Geschichte, Praxis. Opladen/Wiesbaden: Westdeutscher Verlag 1998.
Fuchs, M.: Kultur Macht Politik. Studien zur Bildung und Kultur der Moderne. Remscheid: BKJ 1998.
Fuchs, M.: Mensch und Kultur. Anthropologische Grundlagen von Kulturarbeit und Kulturpolitik. Wiesbaden: Westdeutscher Verlag 1999.
Fuchs, M.: Bildung, Kunst, Gesellschaft. Beiträge zur Theorie der kulturellen Bildung. Remscheid: BKJ 2000
Fuchs, M.: Die Macht der Symbole. Ein Versuch über Kultur, Medien und Subjektivität. Ms. Remscheid 2000. Als download unter www.akademieremscheid.de
Fuchs, M.: Persönlichkeit und Subjektivität. Historische und systematische Studien zu ihrer Genese. Leverkusen: Leske + Budrich 2001.
Fuchs, M.: Aufbaukurs Kulturpädagogik. Vier Bände: Band 1: Kultur, Kulturpolitik und kulturelle Bildung – global. Band 2: Kunsttheorie und Ästhetik für die Praxis. Band 3: Kulturelle Bildung und die Bildungsreform. Band 4: Zeitdiagnose als kulturelle Aufgabe. Remscheid RAT digital 2005.
Fuchs, M./Schulz, G./Zimmermann, O.: Kulturelle Bildung in der Bildungsreformdiskussion – Konzeption Kulturelle Bildung III. Regensburg: Conbrio 2005.
Fuchs, M.: Kulturpolitik. Wiesbaden: VS Verlag für Sozialwissenschaften 2007
Fuchs, Max: Kulturpolitik und Zivilgesellschaft. Analysen und Positionen – Aus politik und kultur 4 Hg. v. Olaf Zimmermann und Theo Geißler. Conbrio 2008
Fuchs, M.: Kultur macht Sinn. Wiesbaden: VS 2008 a
Fuchs, M.: Der Kampf um Sinn – Kulturmächte der Moderne im Widerstreit. Remscheid: RAT digital 2008 b
Fuchs, M.: Kulturelle Bildung. Grundlagen – Praxis – Politik. München: KoPaed 2008 c
Fürstenberg, F. (Hg.): Religionssoziologie. Neuwied: Luchterhand 1964.
Gardt, A. u. a. (Hg.): Sprachgeschichte als Kulturgeschichte. Berlin/New York: de Gruyter 1999
Geis, M.-E.: Kulturstaat und kulturelle Freiheit. Baden-Baden: Nomos 1990.
Gerth, H.: Bürgerliche Intelligenz um 1800. Göttingen: Vandenhoek und Ruprecht 1976
Göschel, A.: Die Ungleichzeitigkeit in der Kultur. Wandel des Kulturbegriffs in vier Generationen, Stuttgart usw.: Kohlhammer 1991.
Graf, F. W. (Hg.): Profile des neuzeitlichen Protestantismus. Bd. 1: Aufklärung, Idealismus, Vormärz. Bd. 2: Kaiserreich. Gütersloh: Mohn 1990/1992
Graf, F. W./Tanner, K.(Hg.): Protestantische Identität heute. Gütersloh: Mohn 1992.
Grimm, D.: Die Zukunft der Verfassung. In: Preuß 1994.
Gröbl-Steinbach, E.: Fortschrittsidee und rationale Weltgestaltung. Die kulturellen Voraussetzungen des Politischen in der Moderne. Frankfurt/M./New York: Campus 1994
Groethuysen, B.: Die Entstehung der bürgerlichen Welt- und Lebensanschauung in Frankreich. 2 Bde. Frankfurt/M.: Suhrkamp 1978 (zuerst 1927).

Haas, St.: Die Kultur der Verwaltung. Die Umsetzung der preußischen Reformen 1800 – 1898. Frankfurt/M./New York: Campus 2005

Häberle, P.: Kulturpolitik in der Stadt – ein Verfassungsauftrag. Karlsruhe: Decker usw. 1978

Häberle, P. (Hg.): Kulturstaatlichkeit und Kultur-Verfassungsrecht. Darmstadt: WBG 1982.

Häberle, P.: Das Grundgesetz der Liberalen. Baden-Baden: Nomos 1983

Häberle, P.: Verfassungslehre als Kulturwissenschaft. Berlin: Duncker & Humblot 1998

Hacke, J.: Philosophie der Bürgerlichkeit. Göttingen: Vandenhoeck & Ruprecht 2006

Hahn, H. (Hg.): Kulturunterschiede. Interdisziplinäre Konzepte zu kollektiven Identitäten und Mentalitäten. Frankfurt/M.: IKO 1999.

Haselbach, D.: Autoritärer Liberalismus und Soziale Marktwirtschaft. Baden-Baden: Nomos 1991

Hedeler, D./Philipps, A. (Hg.): Widerstand denken. Michel Foucault und die Grenzen der Macht. Münster: transcirpt 2008

Hein, D./Schulz, A. (Hg.): Bürgerkultur im 19. Jahrhundert. Bildung, Kunst und Lebenswelt. München: Beck 1996.

Heitmeyer, W. (Hg.): Deutsche Zustände, Folgen 1 bis 4. Frankfurt/M.: Suhrkamp 2002 bis 2006.

Heringer, H.J.: „Ich gebe mein Ehrenwort". Politik Sprache Moral. München: Beck 1990

Hettling, M.: Politische Bürgerlichkeit. Göttingen: V&H 1999

Hettling, M./Hoffmann, S.-L. (Hg.): Der bürgerliche Wertehimmel. Innenansichten des 19. Jahrhunderts.Göttingen: Vandenhoek & Ruprecht 2000

Hettling, M./Ulrich, B. (Hg.): Bürgertum nach 1945. Hamburg: Hamburger Edition 2005

Hobsbawm, E. J.: Das imperiale Zeitalter 1875 - 1914. Frankfurt/M.: Fischer 1995.

Holzkamp, K.: Lernen. Subjektwissenschaftliche Grundlegung. Frankfurt/M.: Campus 1993.

Hübinger, G./Mommsen, W. J. (Hg.): Intellektuelle im Deutschen Kaiserreich. Frankfurt/M.: Fischer 1993

Hübinger, G.: Kulturprotestantismus und Politik. Tübingen: Mohr 1994.

Hülst, D.: Symbol und soziologische Symboltheorie. Opladen: Leske + Budrich 1999

Humboldt, W .v.: Schriften zur Sprache. Frankfurt/M.: Zweitausendeins 2008

Illing, F.: Kitsch, Kommerz und Kult. Soziologie des schlechten Geschmacks. Konstanz: UVK 2006

Jarren, O./Donges, P.: Politische Kommunikation in der Mediengesellschaft. Eine Einführung. Wiesbaden: VS 2006

Jung, O.: Zum Kulturstaatsbegriff. Meisenheim a. Glan: Hain 1976

Kajetzke, L.: Wissen im Diskurs. Ein Theorienvergleich von Bourdieu und Foucault. Wiesbaden: VS 2008

Kammler, Ch. u. a.(Hg.): Foucault Handbuch. Leben – Werk – Wirkung. Stuttgart: Metzler 2008

Kant, I.: Kritik der Urteilskraft (1790). Frankfurt/M.: Suhrkamp 1974.

Kaufmann, F. X.: Religion und Modernität. Sozialwissenschaftliche Perspektiven. Tübingen: Mohr 1989.

Kaufmann, F. X.: Varianten des Wohlfahrtsstaats. Frankfurt/M: Suhrkamp 2003.

Klein, J. (Hg.): Politische Semantik. Beiträge zur politischen Sprachverwendung. Opladen: Westdeutscher Verlag 1979
Klein, J.: Sprache und Macht. In: Aus Politik und Zeitgeschichte (ApuZ) 8/2010, S. 7 - 13
Kocka, J.(Hg.): Arbeiter und Bürger im 19. Jahrhundert. München: Oldenbourg 1986.
Kocka, J. (Hg.): Bürger und Bürgerlichkeit im 19. Jahrhundert. Göttingen: Vandenhoeck & Ruprecht 1987.
Kocka, J.: (Hg.): Bürgertum im 19. Jahrhundert. Deutschland im europäischen Vergleich. Drei Bände. München: dtv 1988.
Kocka, J. (Hg.): Bildungsbürgertum im 19. Jahrhundert, Bd.: Politischer Einfluß und gesellschaftliche Formation. Stuttgart: Klett 1989.
Konrad-Adenauer-Stiftung: Bildungsoffensive durch Neuorientierung des Musikunterrichts. KAS 2004
Koselleck, R. (Hg.): Bildungsbürgertum im 19. Jahrhundert. Teil II: Bildungsgüter und Bildungswissen. Stuttgart: Klett-Cotta 1990.
Koselleck, R.: Vergangene Zukunft. Frankfurt/M.: Suhrkamp 1995.
Koselleck, R.: Begriffsgeschichte. Frankfurt/M.: Suhrkamp 2006
Kübler, H.-D.: Kommunikation und Massenkommunikation. Ein Studienbuch. Münster: Lit 1994.
Lammert, N. (Hg.): Verfassung – Patriotismus – Leitkultur. Hamburg: Hoffmann und Campe 2006
Landwehr, A.: Geschichte des Sagbaren. Eine Einführung in die historische Diskursanalyse. Tübingen: edition discord 2001
Lepenies, W.: Kultur und Politik. München: Hanser 2006
Lessenich, St. (Hg.): Wohlfahrtsstaatliche Grundbegriffe. Historische und aktuelle Diskurse. Frankfurt/M.: Campus 2003.
Lessenich, St.: Die Neuerfindung des Sozialen. Bielefeld: transcipt 2008
Luhmann, N.: Gesellschaftliche Struktur und semantische Tradition. Gesellschaftsstruktur und Semantik, Bd. 1. Frankfurt/M.: Suhrkamp 1980
Lukacs, G.: Die Zerstörung der Vernunft. Neuwied: Luchterhand 1962
Maedler, J. (Hg.): TeileHabeNichtse. Chancengerechtigkeit und kulturelle Bildung. München: kopaed 2008
Mann, Th.: Gesammelte Werke, 12 Bde. Frankfurt/M.: Fischer 1960.
Metscher, Th.: Kunst, Kultur, Humanität. Bd. I: Studien zur Kulturtheorie, Ideologietheorie und Ästhetik. Fischerhude: Atelier im Bauernhaus 1982.
Meyer, H.: Was einen guten Slogan auszeichnet. 26.01.2009, letzter Zugriff 16.01.2010 http://www.foerderland.de/fachbeitraege/beitrag/Was-einen-guten-Slogan-auszeichnet/4157f00473/
Meyer, Th.: Die Inszenierung des Scheins. Essay-Montage. Frankfurt/M.: Suhrkamp 1992.
MFJFG: Kinder und Jugendliche an der Schwelle zum 21. Jahrhundert. Multikultiviert oder doppelt benachteiligt? Düsseldorf 2000
Müller, H.-M. (Hg.): Kulturprotestantismus. Gütersloh: Mohr 1992
Münch, R.: Die Kultur der Moderne. 2 Bde. Frankfurt/M.: Suhrkamp 1986.
Münch, R.: Dialektik der Kommunikationsgesellschaft. Frankfurt/M.: Suhrkamp 1991.
Münkler, H.: Die Deutschen und ihre Mythen. Berlin: Rowohlt 2009

Nipperdey, Th.: Wie das Bürgertum die Moderne erfand. Berlin: Siedler 1988.
Nipperdey, Th.: Nachdenken über die deutsche Geschichte. Essays. Beck: München 1991.
Nipperdey, Th.: Deutsche Geschichte 1800 - 1918. 3 Bände. München: Beck 1998
Nolte, P.: Die Ordnung der deutschen Gesellschaft. München: Beck 2000
Palonen, K.: Die Entzauberung der Begriffe. Münster usw.: LIT 2004
Plessner, H.: Grenzen der Gemeinschaft. Eine Kritik des sozialen Radikalismus. Bonn: Cohen 1924
Plessner, H.: Die verspätete Nation. Frankfurt/M.: Suhrkamp 1974.
Ptassek, P. u. a.: Macht und Meinung. Die rhetorische Konstitution der politischen Welt. Göttingen: V&R 1992
Reinhard, W.: Geschichte der Staatsgewalt. München: Beck 1999
Renz, H./Graf, F. W. (Hg.): Troeltsch-Studien. Bd. 3: Protestantismus und Neuzeit. Bd. 4: Umstrittene Moderne. Bd. 6: E. Troeltschs Soziallehren. Bd. 7: Liberale Theologie. Gütersloh: Mohn 1984/1987/1993/1993.
Ritter, J.(Hg.): Historisches Wörterbuch der Philosophie. Basel: Schwabe 1979
Ruppelt, G.: Professor Unrat und die Feuerzangenbowle. Niedersächsische Landesbibliothek Heft 15
Schieder, W. (Hg.): Religion und Gesellschaft im 19. Jahrhundert. Stuttgart: Klett-Cotta 1993.
Schiffauer, W.: Fremde in der Stadt. Frankfurt/M.: Suhrkamp 1998
Schlenke, M. (Hg.): Preußen. Politik, Kultur, Gesellschaft. Reinbek: Rowohlt 1986
Schmidtchen, G.: Protestanten und Katholiken. Soziologische Analyse konfessioneller Kultur. Bern/München: Francke 1973.
Schulz, A.: Lebenswelt und Kultur des Bürgertums im 19. und 20. Jahrhundert. München: Oldenbourg 2005
Schulz, W. K.: Kulturtheorie und Pädagogik in der Weimarer Zeit. Ausgewählte Beiträge. Königshausen & Neumann 1993
Schweitzer, A.: Kulturphilosophie. München: Beck 2007
Sinus Sociovision: Die Milieus der Menschen mit Migrationshintergund in Deutschland. Heidelberg 2007 (www.bmfsfj.de, Stichwort: Migrantenmilieus)
Smiers, J.: Arts under Pressure. ZED 2003
Smiers, J.: Artistic Expression in a Corporate World. Utrecht 2004
Stern, F.: Kulturpessimismus als politische Gefahr. Eine Analyse nationaler Ideologie in Deutschland. Bern/Stuttgart/Wien: Scherz 1963.
Strachwitz, R. Graf (Hg.): Dritter Sektor – Dritte Kraft. Versuch einer Standortbestimmung. Düsseldorf: Raabe 1998.
Troeltsch, E.: Kritische Gesamtausgabe (Hg. F. W. Graf u.a.), Bde. 8 (Schriften zur Bedeutung des Protestantismus für die moderne Welt) und 15 (Schriften zur Politik und Kulturphilosophie) Berlin/N.Y.: de Gruyter 2001/2002
UNESCO (Ed.): World Culture Report 1998: Culture, Creativity and Markets. Paris 1998
UNESCO (Ed.): World Culture Report 2000. Diversity, Conflict and Pluralism. Paris: UNESCO 2000
UNESCO (Ed.): World Report: Investing in Cultural Diversity and Intercultural Dialogue. Paris 2009
Veith, H.: Das Selbstverständnis des modernen Menschen. Frankfurt/M.: Campus 2001

Literaturverzeichnis

Voigt, R.: Den Staat denken. Baden-Baden: Nomos 2007
Vondong, K. (Hg.): Das wilhelminische Bürgertum. Zur Sozialgeschichte seiner Ideen. Göttingen: V & R 1976
Wagner, B: Fürstenhof und Bürgergesellschaft – Zur Entstehung, Entwicklung und Legitimation von Kulturpolitik. Bonn/Essen: Klartext 2009
Walther, M. (Hg.): Religion und Politik. Baden Baden: Nomos 2004
Weber, M.: Gesammelte Aufsätze. 7 Bände. Tübingen: Mohr (UTB) 1988ff.
Wehler, H.-U.: Deutsche Gesellschaftsgeschichte. Bd. I: 1700 - 1815; Bd. II: 1815-1845/49; Bd. III: 1849 - 1914; Bd. IV: 1914 – 1949; Bd. v: 1949 - 1990. München: Beck 1987/1987/1995/2003/2008.
Ziegert, R. (Hg.): Protestantismus als Kultur. Bielefeld: Bertelsmann 1991

Über das sprachliche Kapital der Länder in Europa

> Zur Fremdsprachenkompetenz der Bürger Europas

Jürgen Gerhards
Mehrsprachigkeit im vereinten Europa
Transnationales sprachliches Kapital als Ressource in einer globalisierten Welt

2010. 244 S. (Neue Bibliothek der Sozialwissenschaften) Br.
EUR 24,95
ISBN 978-3-531-17441-9

Globalisierung und die fortschreitende Verflechtung der Mitgliedsländer der Europäischen Union führen zu neuen Anforderungen an und Chancen für die Bürger in Europa. Wollen diese am Europäisierungsprozess partizipieren, indem sie z. B. im Ausland studieren oder arbeiten, dann müssen sie die Sprache des jeweiligen Landes sprechen. Transnationales sprachliches Kapital wird damit zu einer zentralen Ressource der Teilhabe am Europäisierungsprozess.

Jürgen Gerhards rekonstruiert die Rahmenbedingungen, unter denen Mehrsprachigkeit zu einer zentralen Ressource geworden ist. Auf der Grundlage einer Umfrage in 27 Ländern der EU analysiert er die Fremdsprachenkompetenz der Bürger Europas; dabei gelingt es ihm, die enormen Unterschiede, die sich in der Ausstattung mit transnationalem sprachlichen Kapital zwischen und innerhalb der Länder zeigen, systematisch zu erklären. Gerhards plädiert für eine radikale Umkehr in der Sprachenpolitik der EU, indem er sich für die verbindliche Einführung des Englischen als ‚lingua franca' in Europa ausspricht.

Erhältlich im Buchhandel oder beim Verlag.
Änderungen vorbehalten.
Stand: Juli 2010.

www.vs-verlag.de

VS VERLAG

Abraham-Lincoln-Straße 46
65189 Wiesbaden
Tel. 0611.7878-722
Fax 0611.7878-400

If you have any concerns about our products,
you can contact us on
ProductSafety@springernature.com

In case Publisher is established outside the EU,
the EU authorized representative is:
Springer Nature Customer Service Center GmbH
Europaplatz 3, 69115 Heidelberg, Germany

Printed by Libri Plureos GmbH
in Hamburg, Germany

MIX
Papier aus verantwortungsvollen Quellen
Paper from responsible sources
FSC® C105338